GAUDETE ET EXSULTATE

PAPA FRANCISCO

EXORTAÇÃO APOSTÓLICA

GAUDETE ET EXSULTATE

SOBRE O CHAMADO À SANTIDADE
NO MUNDO ATUAL

Direção-geral: *Flávia Reginatto*

Editora Responsável: *Maria Goretti de Oliveira*

1ª edição – 2018
6ª reimpressão – 2022

Nenhuma parte desta obra poderá ser reproduzida ou transmitida por qualquer forma e/ou quaisquer meios (eletrônico ou mecânico, incluindo fotocópia e gravação) ou arquivada em qualquer sistema ou banco de dados sem permissão escrita da Editora. Direitos reservados.

© 2018 – Libreria Editrice Vaticana

Paulinas
Rua Dona Inácia Uchoa, 62
04110-020 – São Paulo – SP (Brasil)
Tel.: (11) 2125-3500
http://www.paulinas.com.br
editora@paulinas.com.br
Telemarketing e SAC: 0800-7010081

© Pia Sociedade Filhas de São Paulo – São Paulo, 2018

LISTA DE SIGLAS

AL — *Amoris Laetitia*, Exortação Apostólica pós--sinodal sobre o amor na família – Papa Francisco

CA — *Centesimus Annus*, Carta Encíclica no centenário da *Rerum Novarum* – João Paulo II

CIgC — Catecismo da Igreja Católica

DAp — Documento de Aparecida

EG — *Evangelii Gaudium*, Exortação Apostólica sobre o anúncio do Evangelho no mundo atual – Papa Francisco

EN — *Evangelii Nuntiandi*, Exortação Apostólica sobre a Evangelização – Paulo VI

LG — *Lumen Gentium*, Constituição Dogmática sobre a Igreja – Concílio Vaticano II

MV — *Misericordiae Vultus*, Bula de proclamação do Jubileu Extraordinário da Misericórdia – Papa Francisco

NMI — *Novo Millennio Ineunte*, Carta Apostólica no término do grande Jubileu do Ano 2000 – João Paulo II

OL — *Orientale Lumen*, Carta Apostólica por ocasião do centenário da *Orientalium Dignitas* – João Paulo II

TMA *Tertio Millennio Adveniente*, Carta Apostólica sobre a preparação para o Jubileu do Ano 2000 – João Paulo II

VC *Vita Consecrata*, Exortação Apostólica pós--sinodal sobre a vida consagrada e a sua missão na Igreja e no mundo – João Paulo II

1. "ALEGRAI-VOS E EXULTAI" (Mt 5,12), diz Jesus aos que são perseguidos ou humilhados por causa dele. O Senhor pede tudo e, em troca, oferece a vida verdadeira, a felicidade para a qual fomos criados. Quer-nos santos e espera que não nos resignemos com uma vida medíocre, superficial e indecisa. Com efeito, o chamado à santidade está patente, de várias maneiras, desde as primeiras páginas da Bíblia; a Abraão, o Senhor propô-la nestes termos: "anda na minha presença e sê íntegro" (Gn 17,1).

2. Não se deve esperar aqui um tratado sobre a santidade, com muitas definições e distinções que poderiam enriquecer este tema importante ou com análises que se poderiam fazer acerca dos meios de santificação. O meu objetivo é humilde: fazer ressoar mais uma vez o chamado à santidade, procurando encarná-lo no contexto atual, com os seus riscos, desafios e oportunidades, porque o Senhor escolheu cada um de nós "para sermos santos e íntegros diante dele, no amor" (Ef 1,4).

Capítulo I

O CHAMADO À SANTIDADE

Os santos que nos encorajam e acompanham

3. Na Carta aos Hebreus, mencionam-se várias testemunhas que nos encorajam a que "corramos com perseverança na competição que nos é proposta" (12,1): fala-se de Abraão, Sara, Moisés, Gedeão e vários outros (cap. 11). Mas, sobretudo, somos convidados a reconhecer-nos "com tamanha nuvem de testemunhas" (12,1), que incitam a não nos determos no caminho, que nos estimulam a continuar a correr para a meta. E, entre tais testemunhas, podem estar a nossa própria mãe, uma avó ou outras pessoas próximas de nós (2Tm 1,5). A sua vida talvez não tenha sido sempre perfeita, mas, mesmo no meio de imperfeições e quedas, continuaram a caminhar e agradaram ao Senhor.

4. Os santos, que já chegaram à presença de Deus, mantêm conosco laços de amor e comunhão. Atesta-o o livro do Apocalipse, quando fala dos mártires intercessores: "Vi debaixo do altar aqueles que tinham sido imolados por causa da Palavra de Deus e do testemunho que tinham dado. Gritaram com voz forte: 'Senhor santo e verdadeiro, até quando tardarás em fazer justiça, vingando o nosso sangue contra os habitantes da terra?'" (6,9-10). Podemos dizer que "estamos circundados, conduzidos e guiados pelos amigos de Deus. (...) Não devo carregar sozinho o que, na realidade, nunca poderia carregar sozinho. Os numerosos santos de Deus protegem-me, amparam-me e guiam-me".[1]

5. Nos processos de beatificação e canonização, levam-se em consideração os sinais de heroicidade na prática das virtudes, o sacrifício da vida no martírio e também os casos em que se verificou um oferecimento da própria vida pelos outros, mantido até a morte. Esta doação manifesta uma imitação exemplar de Cristo, e é digna da admiração dos fiéis.[2] Lembremos, por exemplo, a Beata Maria Gabriela Sagheddu, que ofereceu a sua vida pela unidade dos cristãos.

Os santos ao pé da porta

6. Não pensemos apenas nos que já estão beatificados ou canonizados. O Espírito Santo derrama a santidade, por toda a parte, no santo povo fiel de Deus,

---

[1] BENTO XVI. *Homilia no início solene do Ministério Petrino* (24 de abril de 2005): *AAS* 97 (2005), 708.

[2] Em todo o caso, supõe-se que haja fama de santidade e uma prática das virtudes cristãs, pelo menos em grau ordinário: cf. FRANCISCO. Carta Apostólica em forma de *Motu Proprio Maiorem hac dilectionem* (11 de julho de 2017), art. 2-c: *L'Osservatore Romano* (ed. portuguesa de 20/07/2017), 6.

porque "aprouve a Deus salvar e santificar os homens, não individualmente, excluída qualquer ligação entre eles, mas constituindo-os em povo que O conhecesse na verdade e O servisse santamente".[3] O Senhor, na história da salvação, salvou um povo. Não há identidade plena, sem pertença a um povo. Por isso, ninguém se salva sozinho, como indivíduo isolado, mas Deus atrai-nos tendo em conta a complexa rede de relações interpessoais que se estabelecem na comunidade humana: Deus quis entrar em uma dinâmica popular, na dinâmica de um povo.

7. Gosto de ver a santidade no povo paciente de Deus: nos pais que criam os seus filhos com tanto amor, nos homens e nas mulheres que trabalham a fim de trazer o pão para casa, nos doentes, nas consagradas idosas que continuam a sorrir. Nesta constância de continuar a caminhar dia após dia, vejo a santidade da Igreja militante. Esta é muitas vezes a santidade "ao pé da porta", daqueles que vivem perto de nós e são um reflexo da presença de Deus, ou – por outras palavras – da "classe média da santidade".[4]

---

[3] CONCÍLIO VATICANO II. Constituição Dogmática *Lumen Gentium* (LG), n. 9. In *Documentos Concílio Ecumênico Vaticano II*. Brasília: Edições CNBB, 2018.

[4] MALEGUE, Joseph. *Pierres noires. Les classes moyennes du Salut* (Paris, 1958).

8. Deixemo-nos estimular pelos sinais de santidade que o Senhor nos apresenta através dos membros mais humildes deste povo que "participam também da função profética de Cristo, difundindo o seu testemunho vivo, sobretudo pela vida de fé e de caridade".[5] Como nos sugere Santa Teresa Benedita da Cruz, pensemos que é através de muitos deles que se constrói a verdadeira história: "Na noite mais escura, surgem os maiores profetas e os santos. Todavia, a corrente vivificante da vida mística permanece invisível. Certamente, os eventos decisivos da história do mundo foram essencialmente influenciados por almas sobre as quais nada se diz nos livros de história. E saber quais sejam as almas a quem devemos agradecer os acontecimentos decisivos da nossa vida pessoal, é algo que só conheceremos no dia em que tudo o que está oculto for revelado".[6]

9. A santidade é o rosto mais belo da Igreja. Mas, mesmo fora da Igreja Católica e em áreas muito diferentes, o Espírito suscita "sinais da sua presença, que ajudam os próprios discípulos de Cristo".[7] Por outro lado, São João Paulo II lembrou-nos de que o "testemunho, dado por Cristo até ao derramamento do sangue, tornou-se patrimônio comum de católicos, ortodoxos,

---

[5] LG, n. 12.

[6] *Vida escondida y epifanía: Obras Completas*, V (Burgos, 2007), 637.

[7] SÃO JOÃO PAULO II. Carta Apostólica *Novo Millennio Ineunte* (NMI) (6 de janeiro de 2001), n. 56: *AAS* 93 (2001), 307.

anglicanos e protestantes".[8] Na sugestiva comemoração ecumênica, que ele quis celebrar no Coliseu durante o Jubileu do Ano 2000, defendeu que os mártires são "uma herança que fala com uma voz mais alta do que os fatores de divisão".[9]

O Senhor chama

10. Tudo isto é importante. Mas o que quero recordar com esta Exortação é sobretudo o chamado à santidade que o Senhor faz a cada um de nós, o chamado que dirige também a ti: "sede, pois, santos, porque eu sou santo" (Lv 11,45; cf. 1Pd 1,16). O Concílio Vaticano II salientou vigorosamente: "munidos de tantos e tão grandes meios de salvação, todos os fiéis, seja qual for a sua condição ou estado, são chamados pelo Senhor à perfeição do Pai, cada um por seu caminho".[10]

11. "Cada um por seu caminho", diz o Concílio. Por isso, uma pessoa não deve desanimar, quando contempla modelos de santidade que lhe parecem inatingíveis. Há testemunhos que são úteis para nos estimular e motivar, mas não para procurarmos copiá-los, porque

---

[8] SÃO JOÃO PAULO II. Carta Apostólica *Tertio Millennio Adveniente* (TMA) (10 de novembro de 1994), n. 37: *AAS* 87 (1995), 29.

[9] SÃO JOÃO PAULO II. *Homilia na Celebração ecumênica das testemunhas da fé do século XX* (7 de maio de 2000), 5: *AAS* 92 (2000), 680-681.

[10] LG, n. 11.

isso poderia até afastar-nos do caminho, único e específico, que o Senhor predispôs para nós. Importante é que cada fiel entenda o seu próprio caminho e traga à luz o melhor de si mesmo, quanto Deus colocou nele de muito pessoal (1Cor 12,7), e não se esgote procurando imitar algo que não foi pensado para ele. Todos estamos chamados a ser testemunhas, mas há muitas formas existenciais de testemunho.[11] De fato, quando o grande místico São João da Cruz escreveu o seu *Cântico Espiritual*, preferiu evitar regras fixas para todos, explicando que os seus versos estavam escritos para que cada um os aproveitasse "a seu modo".[12] Pois a vida divina comunica-se "a uns de uma maneira e a outros de outra".[13]

12. A propósito de tais formas distintas, quero assinalar que também o "gênio feminino" se manifesta em estilos femininos de santidade, indispensáveis para refletir a santidade de Deus neste mundo. E precisamente em períodos nos quais as mulheres estiveram mais excluídas, o Espírito Santo suscitou santas, cujo fascínio provocou novos dinamismos espirituais e reformas importantes na Igreja. Podemos citar Santa Hildegarda de Bingen, Santa Brígida, Santa Catarina

---

[11] Hans U. von Balthasar, "Teología y santidad", *Communio* VI/87, 489.

[12] *Cântico Espiritual B*, Prólogo, 2: *Opere* (Roma, 1979), 490.

[13] Ibidem, 14-15, 2: *o. c.*, 575.

de Sena, Santa Teresa de Ávila ou Santa Teresa de Lisieux; mas interessa-me sobretudo lembrar tantas mulheres desconhecidas ou esquecidas que sustentaram e transformaram, cada uma a seu modo, famílias e comunidades com a força do seu testemunho.

13. Isso deveria entusiasmar e animar cada um a dar o melhor de si mesmo para crescer rumo àquele projeto, único e irrepetível, que Deus quis, desde toda a eternidade, para ele: "antes de formar-te no seio de tua mãe, eu já te conhecia, antes de saíres do ventre, eu te consagrei" (Jr 1,5).

A ti também

14. Para ser santo, não é necessário ser bispo, sacerdote, religiosa ou religioso. Muitas vezes somos tentados a pensar que a santidade esteja reservada apenas àqueles que têm possibilidade de se afastar das ocupações comuns, para dedicar muito tempo à oração. Não é assim. Todos somos chamados a ser santos, vivendo com amor e oferecendo o próprio testemunho nas ocupações de cada dia, onde cada um se encontra. És uma consagrada ou um consagrado? Sê santo, vivendo com alegria a tua doação. Estás casado? Sê santo, amando e cuidando do teu marido ou da tua esposa, como Cristo fez com a Igreja. És um trabalhador? Sê santo, cumprindo com honestidade e competência o teu trabalho a serviço dos irmãos. És progenitor, avó ou avô? Sê santo, ensinando com paciência as crianças a seguirem Jesus. Estás investido em autoridade? Sê santo, lutando pelo bem comum e renunciando aos teus interesses pessoais.[14]

15. Deixa que a graça do teu Batismo frutifique em um caminho de santidade. Deixa que tudo esteja aberto a Deus e, para isso, opta por Ele, escolhe Deus sem cessar. Não desanimes, porque tens a força do Espírito Santo para tornar possível a santidade e, no fundo, esta é o fruto do Espírito Santo na tua vida (Gl 5,22-23). Quando sentires a tentação de te enredares na tua fragilidade, levanta os olhos para o Crucificado e diz-lhe: "Senhor, sou um miserável! Mas vós podeis realizar o milagre de me tornar um pouco melhor". Na Igreja, santa e formada por pecadores, encontrarás tudo o que precisas para crescer rumo à santidade. "Qual noiva recoberta de adornos" (Is 61,10), o Senhor cumulou-a de dons com a Palavra, os Sacramentos, os santuários, a vida das comunidades, o testemunho dos santos e uma beleza multiforme que deriva do amor do Senhor.

16. Esta santidade, a que o Senhor te chama, irá crescendo com pequenos gestos. Por exemplo, uma

---

[14] FRANCISCO. *Catequese* (Audiência Geral, 19 de novembro de 2014): *Insegnamenti*, II/2 (2014), 554-557.

senhora vai ao mercado fazer as compras, encontra uma vizinha, começam a falar e surgem as críticas. Mas esta mulher diz para consigo: "Não! Não falarei mal de ninguém". Isso é um passo rumo à santidade. Depois, em casa, o seu filho reclama a atenção dela para falar das suas fantasias e ela, embora cansada, senta-se ao seu lado e escuta com paciência e carinho. Trata-se de outra oferta que santifica. Ou então atravessa um momento de angústia, mas lembra-se do amor da Virgem Maria, pega no terço e reza com fé. Este é outro caminho de santidade. Em outra ocasião, segue pela estrada afora, encontra um pobre e detém-se, conversando carinhosamente com ele. É mais um passo.

17. Sucede, às vezes, que a vida apresenta desafios maiores e, através deles, o Senhor convida-nos a novas conversões que permitam à sua graça manifestar-se melhor na nossa existência, "a fim de partilharmos a sua própria santidade" (Hb 12,10). Outras vezes trata-se apenas de encontrar uma forma mais perfeita de viver o que já fazemos: "há inspirações que nos fazem apenas tender para uma perfeição extraordinária das práticas ordinárias da vida cristã".[15] Quando estava na prisão, o Cardeal Francisco Xavier Nguyen van Thuan renunciou a desgastar-se com a ânsia da sua libertação. A sua decisão foi "viver o momento presente, cumulando-o de

---

[15] SÃO FRANCISCO DE SALES. *Tratado do Amor de Deus*, VIII, 11: *Opere complete* IV (Roma, 2011), 468.

amor"; eis o modo como a concretizava: "aproveito as ocasiões que vão surgindo cada dia para realizar ações ordinárias de maneira extraordinária".[16]

18. Desse modo, sob o impulso da graça divina, com muitos gestos vamos construindo aquela figura de santidade que Deus quis para nós: não como seres autossuficientes, mas "como bons administradores da multiforme graça de Deus" (1Pd 4,10). Os Bispos da Nova Zelândia ensinaram-nos, justamente, que é possível amar com o amor incondicional do Senhor, porque o Ressuscitado partilha a sua vida poderosa com as nossas vidas frágeis: "o seu amor não tem limites e, uma vez doado, nunca volta atrás. Foi incondicional e permaneceu fiel. Amar assim não é fácil, porque muitas vezes somos tão frágeis; mas, precisamente para podermos amar como Ele nos amou, Cristo partilha conosco a sua própria vida ressuscitada. Desta forma, a nossa vida demonstra o seu poder em ação, inclusive no meio da fragilidade humana".[17]

---

[16] *Cinco pães e dois peixes: um jubiloso testemunho de fé no meio das tribulações da prisão* (Milão, 2014), 20.

[17] CONFERÊNCIA DOS BISPOS CATÓLICOS DA NOVA ZELÂNDIA. *Healing love* (1º de janeiro de 1988).

A tua missão em Cristo

19. Para um cristão, não é possível imaginar a própria missão na terra sem a conceber como um caminho de santidade, porque "a vontade de Deus é que sejais santos" (1Ts 4,3). Cada santo é uma missão; é um projeto do Pai que visa refletir e encarnar, em um momento determinado da história, um aspecto do Evangelho.

20. Esta missão tem o seu sentido pleno em Cristo e só se compreende a partir dele. No fundo, a santidade consiste em viver em união com Ele os mistérios da sua vida; consiste em associar-se de uma maneira única e pessoal à morte e ressurreição do Senhor, em morrer e ressuscitar continuamente com Ele. Mas pode também envolver a reprodução na própria existência de diferentes aspectos da vida terrena de Jesus: a vida oculta, a vida comunitária, a proximidade aos últimos, a pobreza e outras manifestações da sua doação por amor. A contemplação destes mistérios, como propunha Santo Inácio de Loyola, leva-nos a encarná-los nas nossas opções e atitudes.[18] Porque "tudo, na vida de Jesus, é sinal do seu mistério",[19] "toda a vida de Cristo é revelação do

---

[18] *Exercícios espirituais*, 102-312.

[19] *Catecismo da Igreja Católica* (CIgC), n. 515.

Pai",[20] "toda a vida de Cristo é mistério de redenção",[21] "toda a vida de Cristo é mistério de recapitulação",[22] e "tudo o que Cristo viveu, Ele próprio faz com que o possamos viver nele e Ele vivê-lo em nós".[23]

21. O desígnio do Pai é Cristo, e nós nele. Em última análise, é Cristo que ama em nós, porque a santidade "não é mais do que a caridade plenamente vivida".[24] Por conseguinte, "a medida da santidade é dada pela estatura que Cristo alcança em nós, desde quando, com a força do Espírito Santo, modelamos toda a nossa vida sobre a sua".[25] Assim, cada santo é uma mensagem que o Espírito Santo extrai da riqueza de Jesus Cristo e dá ao seu povo.

22. Para identificar qual seja essa palavra que o Senhor quer dizer através de um santo, não convém deter-se nos detalhes, porque nisso também pode haver erros e quedas. Nem tudo o que um santo diz é plenamente fiel ao Evangelho, nem tudo o que faz é autêntico ou perfeito. O que devemos contemplar é o conjunto da sua vida, o seu caminho inteiro de santificação, aquela

---

[20] Ibidem, n. 516.

[21] Ibidem, n. 517.

[22] Ibidem, n. 518.

[23] Ibidem, n. 521.

[24] BENTO XVI. *Catequese* (Audiência Geral, 13 de abril de 2011): *Insegnamenti*, VII (2011), 451.

[25] Ibidem: *o. c.*, 450.

figura que reflete algo de Jesus Cristo e que sobressai quando se consegue compor o sentido da totalidade da sua pessoa.[26]

23. Isto é um vigoroso apelo para todos nós. Também tu precisas conceber a totalidade da tua vida como uma missão. Tenta fazê-lo, escutando a Deus na oração e identificando os sinais que Ele te dá. Pede sempre, ao Espírito Santo, o que espera Jesus de ti em cada momento da tua vida e em cada opção que tenhas de tomar, para discernir o lugar que isso ocupa na tua missão. E permite-lhe plasmar em ti aquele mistério pessoal que possa refletir Jesus Cristo no mundo de hoje.

24. Oxalá consigas identificar a palavra, a mensagem de Jesus que Deus quer dizer ao mundo com a tua vida. Deixa-te transformar, deixa-te renovar pelo Espírito para que isso seja possível, e assim a tua preciosa missão não fracassará. O Senhor levá-la-á a cumprimento mesmo no meio dos teus erros e momentos negativos, desde que não abandones o caminho do amor e permaneças sempre aberto à sua ação sobrenatural que purifica e ilumina.

---

[26] Hans U. von Balthasar. "Teología y santidad", *Communio* VI/87, 486-493.

A atividade que santifica

25. Dado que não se pode conceber Cristo sem o Reino que Ele veio trazer, também a tua missão é inseparável da construção do Reino: "buscai em primeiro lugar o Reino de Deus e a sua justiça" (Mt 6,33). A tua identificação com Cristo e os seus desígnios requer o compromisso de construíres, com Ele, este Reino de amor, justiça e paz para todos. O próprio Cristo quer vivê-lo contigo em todos os esforços ou renúncias que isso implique e também nas alegrias e na fecundidade que te proporcione. Por isso, não te santificarás sem te entregares de corpo e alma, dando o melhor de ti neste compromisso.

26. Não é saudável amar o silêncio e esquivar o encontro com o outro, desejar o repouso e rejeitar a atividade, buscar a oração e menosprezar o serviço. Tudo pode ser recebido e integrado como parte da própria vida neste mundo, fazendo parte do caminho de santificação. Somos chamados a viver a contemplação mesmo no meio da ação, e santificamo-nos no exercício responsável e generoso da nossa missão.

27. Poderá porventura o Espírito Santo enviar-nos para cumprir uma missão e, ao mesmo tempo, pedir-nos que fujamos dela ou que evitemos doar-nos totalmente para preservarmos a paz interior? Obviamente não; mas, às vezes, somos tentados a relegar para posição secundária a dedicação pastoral e o compromisso no mundo, como se fossem "distrações" no caminho da santificação e da paz interior. Esquecemo-nos disto: "não é que a vida tenha uma missão, mas a vida é uma missão".[27]

28. Um compromisso movido pela ansiedade, o orgulho, a necessidade de aparecer e dominar, certamente, não será santificador. O desafio é viver de tal forma a própria doação que os esforços tenham um sentido evangélico e nos identifiquem cada vez mais com Jesus Cristo. Por isso, é usual falar, por exemplo, de uma espiritualidade do catequista, de uma espiritualidade do clero diocesano, de uma espiritualidade do trabalho. Pela mesma razão, na *Evangelii Gaudium*, quis concluir com uma espiritualidade da missão, na *Laudato Si'* com uma espiritualidade ecológica e na *Amoris Laetitia* com uma espiritualidade da vida familiar.

29. Isto não implica menosprezar os momentos de quietude, solidão e silêncio diante de Deus. Ao contrário! Com efeito, as novidades contínuas dos meios tecnológicos, o fascínio de viajar, as inúmeras ofertas de consumo, às vezes, não deixam espaços vazios onde ressoe a voz de Deus. Tudo se enche de palavras, prazeres epidérmicos e rumores a uma velocidade cada vez maior; aqui não reina a alegria, mas a insatisfação

---

[27] Xavier Zubiri. *Naturaleza, historia, Dios* (Madrid, ³1999), 427.

de quem não sabe para que vive. Então, como não reconhecer que precisamos deter esta corrida febril para recuperar um espaço pessoal, às vezes doloroso mas sempre fecundo, onde se realize o diálogo sincero com Deus? Em certos momentos, deveremos encarar a verdade de nós mesmos, para a deixar invadir pelo Senhor; e isto nem sempre se consegue, se a pessoa "não se vê à beira do abismo da tentação mais opressiva, se não sente a vertigem do precipício do abandono mais desesperado, se não se encontra absolutamente só, no cume da solidão mais radical".[28] Assim, encontramos as grandes motivações que nos impelem a viver, em profundidade, as nossas tarefas.

30. Os próprios meios de distração que invadem a vida atual levam-nos também a absolutizar o tempo livre, no qual podemos utilizar, sem limites, aqueles dispositivos que nos proporcionam divertimento e prazeres efêmeros.[29] Em consequência disso, ressente-se a própria missão, o compromisso esmorece, o serviço generoso e disponível começa a retrair-se. Isto desnatura a experiência espiritual. Poderá ser saudável um fervor espiritual que convive com a acédia na ação evangelizadora ou no serviço dos outros?

---

[28] Carlos M. Martini, *As confissões de Pedro* (Cinisello Balsamo, 2017), 69.

[29] É necessário distinguir, esta distração superficial, de uma cultura saudável do repouso, que nos abre ao outro e à realidade com um espírito disponível e contemplativo.

31. Precisamos de um espírito de santidade que impregne tanto a solidão como o serviço, tanto a intimidade como a tarefa evangelizadora, para que cada instante seja expressão de amor doado sob o olhar do Senhor. Dessa forma, todos os momentos serão degraus no nosso caminho de santificação.

Mais vivos, mais humanos

32. Não tenhas medo da santidade. Não te tirará forças, nem vida nem alegria. Muito pelo contrário, porque chegarás a ser o que o Pai pensou quando te criou e serás fiel ao teu próprio ser. Depender dele liberta-nos das escravidões e leva-nos a reconhecer a nossa dignidade. Isso se vê em Santa Josefina Bakhita, que, "escravizada e vendida como escrava com apenas sete anos de idade, sofreu muito nas mãos de patrões cruéis. Apesar disso compreendeu a verdade profunda que Deus, e não o homem, é o verdadeiro Patrão de todos os seres humanos, de cada vida humana. Esta experiência torna-se fonte de grande sabedoria para esta humilde filha da África".[30]

33. Cada cristão, quanto mais se santifica, tanto mais fecundo se torna para o mundo. Assim nos ensinaram os Bispos da África ocidental: "Somos chamados,

---

[30] SÃO JOÃO PAULO II. *Homilia na Missa de canonização* (1º de outubro de 2000), 5: *AAS* 92 (2000), 852.

no espírito da nova evangelização, a ser evangelizados e a evangelizar através da promoção de todos os batizados para que assumam as suas tarefas como sal da terra e luz do mundo, onde quer que se encontrem".[31]

34. Não tenhas medo de apontar para mais alto, de te deixares amar e libertar por Deus. Não tenhas medo de te deixares guiar pelo Espírito Santo. A santidade não te torna menos humano, porque é o encontro da tua fragilidade com a força da graça. No fundo, como dizia León Bloy, na vida "existe apenas uma tristeza: a de não ser santo".[32]

---

[31] CONFERÊNCIA EPISCOPAL REGIONAL DA ÁFRICA OCIDENTAL. *Mensagem pastoral no final da II Assembleia Plenária* (29 de fevereiro de 2016), 2.

[32] *A mulher pobre* (Régio Emília, 1978), II, 375.

CAPÍTULO II

DOIS INIMIGOS SUTIS
DA SANTIDADE

35. Neste contexto, desejo chamar a atenção para duas falsificações da santidade que poderiam extraviar-nos: o gnosticismo e o pelagianismo. São duas heresias que surgiram nos primeiros séculos do cristianismo, mas continuam a ser de alarmante atualidade. Ainda hoje os corações de muitos cristãos, talvez inconscientemente, deixam-se seduzir por estas propostas enganadoras. Nelas aparece expresso um imanentismo antropocêntrico, disfarçado de verdade católica.[1] Vejamos estas duas formas de segurança doutrinária ou disciplinar, que dão origem "a um elitismo narcisista e autoritário, onde, em vez de evangelizar, se analisam e classificam os demais e, em vez de facilitar o acesso à graça, consomem-se as energias a controlar. Em ambos

---

[1] "Tanto o individualismo neopelagiano quanto o desprezo neognóstico do corpo descaracterizam a confissão de fé em Cristo, único Salvador universal" (CONGREGAÇÃO PARA A DOUTRINA DA FÉ. *Carta Placuit Deo* aos Bispos da Igreja Católica sobre alguns aspectos da salvação cristã. Documentos da Igreja 42. Brasília: Edições CNBB, 2018, n. 4). Neste documento, encontram-se as bases doutrinais para compreender a salvação ante as derivas neognósticas e neopelagianas atuais.

os casos, nem Jesus Cristo nem os outros interessam verdadeiramente".[2]

O gnosticismo atual

36. O gnosticismo supõe "uma fé fechada no subjetivismo, onde apenas interessa uma determinada experiência ou uma série de raciocínios e conhecimentos que supostamente confortam e iluminam, mas, em última instância, a pessoa fica enclausurada na imanência da sua própria razão ou dos seus sentimentos".[3]

Uma mente sem Deus e sem carne

37. Graças a Deus, ao longo da história da Igreja, ficou bem claro que aquilo que mede a perfeição das pessoas é o seu grau de caridade, e não a quantidade de dados e conhecimentos que possam acumular. Os "gnósticos", confusos neste ponto, julgam os outros segundo conseguem, ou não, compreender a profundidade de certas doutrinas. Concebem uma mente sem encarnação, incapaz de tocar a carne sofredora de Cristo nos outros, engessada em uma enciclopédia de abstrações. Ao desencarnar o mistério, em última

---

[2] FRANCISCO. Exortação Apostólica *Evangelii Gaudium* (EG), n. 94. Documentos Pontifícios 17. Brasília: Edições CNBB, 2013.

[3] Ibidem, n. 94.

análise preferem "um Deus sem Cristo, um Cristo sem Igreja, uma Igreja sem povo".[4]

38. Em suma, trata-se de uma vaidosa superficialidade: muito movimento à superfície da mente, mas não se move nem se comove a profundidade do pensamento. No entanto, consegue subjugar alguns com o seu fascínio enganador, porque o equilíbrio gnóstico é formal e supostamente asséptico, podendo assumir o aspecto de certa harmonia ou de uma ordem que tudo abrange.

39. Mas atenção! Não estou referindo-me aos racionalistas inimigos da fé cristã. Isso pode acontecer dentro da Igreja, tanto nos leigos das paróquias como naqueles que ensinam filosofia ou teologia em centros de formação. Com efeito, também é típico dos gnósticos crer que eles, com as suas explicações, podem tornar perfeitamente compreensível toda a fé e todo o Evangelho. Absolutizam as suas teorias e obrigam os outros a submeter-se aos raciocínios que eles usam. Uma coisa é o uso saudável e humilde da razão para refletir sobre o ensinamento teológico e moral do Evangelho, outra é pretender reduzir o ensinamento de Jesus a uma lógica fria e dura que procura dominar tudo.[5]

---

[4] FRANCISCO. *Homilia da Missa na Casa de Santa Marta* (11 de novembro de 2016): *L'Osservatore Romano* (ed. portuguesa de 17/11/2016), 11.

[5] Como ensina São Boaventura, "é necessário que se deixem todas as operações intelectivas e que o ápice mais sublime do amor seja transferido e transformado totalmente em Deus. (…) Dado que, para se obter isto, nada pode a natureza e

Uma doutrina sem mistério

40. O gnosticismo é uma das piores ideologias, pois, ao mesmo tempo que exalta indevidamente o conhecimento ou uma determinada experiência, considera que a sua própria visão da realidade seja a perfeição. Assim, talvez sem se aperceber, esta ideologia autoalimenta-se e torna-se ainda mais cega. Por vezes, torna-se particularmente enganadora, quando se disfarça de espiritualidade desencarnada. Com efeito, o gnosticismo, "por sua natureza, quer domesticar o mistério",[6] tanto o mistério de Deus e da sua graça como o mistério da vida dos outros.

41. Quando alguém tem resposta para todas as perguntas, demonstra que não está no bom caminho e é possível que seja um falso profeta, que usa a religião para seu benefício, ao serviço das próprias lucubrações psicológicas e mentais. Deus supera-nos infinitamente, é sempre uma surpresa e não somos nós que determinamos a circunstância histórica em que o encontramos, já que não dependem de nós o tempo, nem o lugar,

---

pouco pode a ciência, é preciso dar pouca importância à indagação, muita à unção espiritual; pouca à língua e muita à alegria interior; pouca à palavra e aos livros e toda ao dom de Deus, isto é, ao Espírito Santo; pouca ou nenhuma à criatura e toda ao Criador: ao Pai, ao Filho e ao Espírito Santo" (*Itinerarium mentis in Deo*, VII, 4-5: *Opere di San Bonaventura*, Roma, 1993, 577).

[6] FRANCISCO. *Carta ao Grão-Chanceler da Pontifícia Universidade Católica Argentina no centenário da Faculdade de Teologia* (3 de março de 2015): *L'Osservatore Romano* (ed. portuguesa de 12/03/2015), 11.

nem a modalidade do encontro. Quem quer tudo claro e seguro, pretende dominar a transcendência de Deus.

42. Nem se pode pretender definir onde Deus não se encontra, porque Ele está misteriosamente presente na vida de toda pessoa, na vida de cada um como Ele quer, e não o podemos negar com as nossas supostas certezas. Mesmo quando a vida de alguém tiver sido um desastre, mesmo que o vejamos destruído pelos vícios ou dependências, Deus está presente na sua vida. Se nos deixarmos guiar mais pelo Espírito do que pelos nossos raciocínios, podemos e devemos procurar o Senhor em cada vida humana. Isto faz parte do mistério que as mentalidades gnósticas acabam por rejeitar, porque não o podem controlar.

Os limites da razão

43. Só de forma muito pobre chegamos a compreender a verdade que recebemos do Senhor. E, ainda com maior dificuldade, conseguimos expressá-la. Por isso, não podemos pretender que o nosso modo de entendê-la nos autorize a exercer um controle rigoroso sobre a vida dos outros. Quero lembrar que, na Igreja, convivem legitimamente diferentes maneiras de interpretar muitos aspectos da doutrina e da vida cristã, que, na sua variedade, "ajudam a explicitar melhor o tesouro riquíssimo da Palavra. [Certamente,] a quantos sonham com uma doutrina monolítica defendida sem nuances por todos, isto poderá parecer uma dispersão imperfeita".[7] Por isso mesmo, algumas correntes gnósticas desprezaram a simplicidade tão concreta do Evangelho e tentaram substituir o Deus trinitário e encarnado por uma Unidade superior onde desaparecia a rica multiplicidade da nossa história.

44. Na realidade, a doutrina, ou melhor, a nossa compreensão e expressão dela, "não é um sistema fechado, privado de dinâmicas próprias capazes de gerar perguntas, dúvidas, questões (...); e as perguntas do nosso povo, as suas angústias, batalhas, sonhos e preocupações possuem um valor hermenêutico que não podemos ignorar, se quisermos deveras levar a sério o princípio da encarnação. As suas perguntas ajudam-nos a questionar-nos, as suas questões interrogam-nos".[8]

45. Com frequência, verifica-se uma perigosa confusão: julgar que, por sabermos algo ou podermos explicá-lo com certa lógica, já somos santos, perfeitos, melhores do que a "massa ignorante". São João Paulo II advertia, aos que na Igreja têm a possibilidade de uma formação mais elevada, contra a tentação de cultivarem "certo sentimento de superioridade relativamente aos outros fiéis".[9] Na realidade, porém, aquilo que julgamos

---

[7] EG, n. 40.

[8] FRANCISCO. *Mensagem-vídeo ao Congresso Internacional de Teologia da Pontifícia Universidade Católica Argentina* (1º a 3 de setembro de 2015): *AAS* 107 (2015), 980.

[9] SÃO JOÃO PAULO II. Exortação Apostólica Pós-Sinodal *Vita Consecrata* (VC) (25 de março de 1996), n. 38: *AAS* 88 (1996), 412.

saber sempre deveria ser uma motivação para responder melhor ao amor de Deus, porque "se aprende para viver: teologia e santidade são um binômio inseparável".[10]

46. São Francisco de Assis, ao ver que alguns dos seus discípulos ensinavam a doutrina, quis evitar a tentação do gnosticismo. Então escreveu assim a Santo Antônio de Lisboa: "Apraz-me que interpreteis aos demais frades a sagrada teologia, contanto que este estudo não apague neles o espírito da santa oração e devoção".[11] Reconhecia a tentação de transformar a experiência cristã em um conjunto de especulações mentais, que acabam por nos afastar do frescor do Evangelho. São Boaventura, por sua vez, advertia que a verdadeira sabedoria cristã não se deve desligar da misericórdia para com o próximo: "A maior sabedoria que pode existir consiste em dispensar frutuosamente o que se possui e que lhe foi dado precisamente para o distribuir (...). Por isso, como a misericórdia é amiga da sabedoria, assim a avareza é sua inimiga".[12] "Há atividades, como as obras de misericórdia e de piedade, que, unindo-se à contemplação, não a impedem, antes a favorecem."[13]

---

[10] FRANCISCO. *Carta ao Grão-Chanceler da Pontifícia Universidade Católica Argentina no centenário da Faculdade de Teologia* (3 de março de 2015): *L'Osservatore Romano* (ed. portuguesa de 12/03/2015), 11.

[11] *Carta a Frei Antônio*, 2: *Fonti Francescane*, 251.

[12] *De septem Donis*, 9, 15.

[13] Ibidem, *In IV Sent*. 37, 1, 3, ad 6.

O pelagianismo atual

47. O gnosticismo deu lugar a outra heresia antiga, que está presente também hoje. Com o passar do tempo, muitos começaram a reconhecer que não é o conhecimento que nos torna melhores ou santos, mas a vida que levamos. O problema é que isto foi sutilmente degenerando, de modo que o mesmo erro dos gnósticos foi simplesmente transformado, mas não superado.

48. Com efeito, o poder que os gnósticos atribuíam à inteligência, alguns começaram a atribuí-lo à vontade humana, ao esforço pessoal. Surgiram, assim, os pelagianos e os semipelagianos. Já não era a inteligência que ocupava o lugar do mistério e da graça, mas a vontade. Esquecia-se de que "a escolha de Deus não depende da vontade ou dos esforços do ser humano, mas somente de Deus que usa de misericórdia" (Rm 9,16) e que Ele "nos amou primeiro" (1Jo 4,19).

Uma vontade sem humildade

49. Quem se conforma a esta mentalidade pelagiana ou semipelagiana, embora fale da graça de Deus com discursos suaves, "no fundo, só confia nas suas próprias forças e sente-se superior aos outros por cumprir determinadas normas ou por ser irredutivelmente fiel a certo estilo católico".[14] Quando alguns deles se

---

[14] EG, n. 94.

dirigem aos frágeis, dizendo-lhes que se pode tudo com a graça de Deus, basicamente costumam transmitir a ideia de que tudo se pode com a vontade humana, como se esta fosse algo puro, perfeito, onipotente, a que se acrescenta a graça. Pretende-se ignorar que "nem todos podem tudo",[15] e que, nesta vida, as fragilidades humanas não são curadas, completamente e de uma vez por todas, pela graça.[16] Em todo caso, como ensinava Santo Agostinho, Deus convida-te a fazer o que podes e "a pedir o que não podes";[17] ou então a dizer humildemente ao Senhor: "dai-me o que me ordenais e ordenai-me o que quiserdes".[18]

50. No fundo, a falta de um reconhecimento sincero, pesaroso e orante dos nossos limites é que impede a graça de atuar melhor em nós, pois não lhe deixa espaço para provocar aquele bem possível que se integra em um caminho sincero e real de crescimento.[19] A graça, precisamente porque supõe a nossa natureza, não nos faz improvisamente super-homens. Pretendê-lo seria confiar demasiado em nós próprios. Neste caso,

---

[15] "*Non omnes omnia possunt*" (São Boaventura, *De sex alis Seraphim* 3, 8). Há que entender a afirmação na linha do *Catecismo da Igreja Católica*, n. 1735.

[16] "Agora, porém, a graça é de certo modo imperfeita, pois – como se disse – não cura o homem totalmente" (SÃO TOMÁS DE AQUINO. *Summa Theologiae* I-II, q. 109, a. 9, ad 1).

[17] *De natura et gratia*, XLIII, 50: *PL* 44, 271.

[18] Ibidem, *Confissões*, X, 29, 40: *PL* 32, 796.

[19] EG, n. 44.

por trás da ortodoxia, as nossas atitudes podem não corresponder ao que afirmamos sobre a necessidade da graça e, na prática, acabamos por confiar pouco nela. Com efeito, se não reconhecermos a nossa realidade concreta e limitada, não poderemos ver os passos reais e possíveis que o Senhor nos pede em cada momento, depois de nos ter atraído e tornado idôneos com o seu dom. A graça atua historicamente e, em geral, toma-nos e transforma-nos de forma progressiva.[20] Por isso, se recusarmos esta modalidade histórica e progressiva, de fato podemos chegar a negá-la e bloqueá-la, embora a exaltemos com as nossas palavras.

51. Quando Deus se dirige a Abraão, diz-lhe: "Eu sou o Deus Poderoso. Anda na minha presença e sê íntegro" (Gn 17,1). Para poder ser perfeitos, como é do seu agrado, precisamos viver humildemente na presença dele, envolvidos por sua glória; necessitamos andar em união com Ele, reconhecendo o seu amor constante na nossa vida. Há que perder o medo desta presença que só nos pode fazer bem. É o Pai que nos deu vida e nos ama tanto. Uma vez que o aceitamos e deixamos de pensar a nossa existência sem Ele, desaparece a angústia da solidão (Sl 139/138,7). E, se deixarmos de afastar Deus e vivermos na sua presença, poderemos permitir-lhe que examine os nossos corações para ver se seguem pelo

---

[20] Na compreensão da fé cristã, a graça é preveniente, concomitante e subsequente a todo o nosso agir; cf. CONCÍLIO ECUMÊNICO DE TRENTO. Sess.VI, *Decretum de iustificatione*, cap. 5: *DzS* 1525.

reto caminho (Sl 139[138],23-24). Assim conheceremos a vontade perfeita e agradável ao Senhor (Rm 12,1-2) e deixaremos que Ele nos molde como um oleiro (Is 29,16). Dissemos tantas vezes que Deus habita em nós, mas é melhor dizer que nós habitamos nele, que Ele nos possibilita viver na sua luz e no seu amor. Ele é o nosso templo: "Uma só coisa (...) desejo: poder morar na casa do Senhor todos os dias da minha vida" (Sl 27[26],4). "Um dia nos teus átrios vale mais que mil" (Sl 84[83],11). Nele, somos santificados.

Um ensinamento da Igreja frequentemente esquecido

52. A Igreja ensinou repetidamente que não somos justificados pelas nossas obras ou pelos nossos esforços, mas pela graça do Senhor que toma a iniciativa. Os Padres da Igreja, já antes de Santo Agostinho, expressavam com clareza esta convicção primária. Dizia São João Crisóstomo que Deus derrama em nós a própria fonte de todos os dons, "antes de termos entrado no combate".[21] São Basílio Magno observava que o fiel se gloria apenas em Deus, porque "reconhece estar privado da verdadeira justiça e que é justificado somente por meio da fé em Cristo".[22]

---

[21] *In Rom.* 9, 11: *PG* 60, 470.

[22] *Hom. de humil*: *PG* 31, 530.

53. O II Sínodo de Orange ensinou, com firme autoridade, que nenhum ser humano pode exigir, merecer ou comprar o dom da graça divina, e que toda a cooperação com ela é dom prévio da mesma graça: "até o desejo de ser puro se realiza em nós por infusão do Espírito Santo e com sua ação sobre nós".[23] Sucessivamente, o Concílio de Trento, mesmo quando destacou a importância da nossa cooperação para o crescimento espiritual, reafirmou tal ensinamento dogmático: "Afirma-se que somos justificados gratuitamente, porque nada do que precede a justificação, quer a fé, quer as obras, merece a própria graça da justificação; porque, se é graça, então não é pelas obras, caso contrário, a graça já não seria graça (Rm 11,6)".[24]

54. Também o *Catecismo da Igreja Católica* nos lembra que o dom da graça "ultrapassa as capacidades da inteligência e as forças da vontade humana"[25] e que, "em relação a Deus, não há, da parte do homem, mérito no sentido de um direito estrito. Entre Ele e nós, a desigualdade é sem medida".[26] A sua amizade supera-nos infinitamente, não pode ser comprada por nós com as nossas obras e só pode ser um dom da sua iniciativa de amor. Isso nos convida a viver com jubilosa

---

[23] Cânone 4: *DzS* 374.

[24] Sess. VI, *Decretum de iustificatione*, cap. 8: *DzS* 1532.

[25] CIgC, n. 1998.

[26] Ibidem, n. 2007.

gratidão por este dom que nunca mereceremos, uma vez que, "depois de uma pessoa já possuir a graça, não pode a graça já recebida cair sob a alçada do mérito".[27] Os santos evitam pôr a confiança nas suas ações: "Ao anoitecer desta vida, aparecerei diante de vós com as mãos vazias, pois não vos peço, Senhor, que conteis as minhas obras. Todas as nossas justiças têm manchas aos vossos olhos".[28]

55. Esta é uma das grandes convicções definitivamente adquiridas pela Igreja e está tão claramente expressa na Palavra de Deus que fica fora de qualquer discussão. Esta verdade, tal como o supremo mandamento do amor, deveria caracterizar o nosso estilo de vida, porque bebe do coração do Evangelho e convida-nos não só a aceitá-la com a mente, mas também a transformá-la em uma alegria contagiosa. Mas não poderemos celebrar com gratidão o dom gratuito da amizade com o Senhor, se não reconhecermos que a própria existência terrena e as nossas capacidades naturais são um dom. Precisamos "reconhecer alegremente que a nossa realidade é fruto de um dom, e aceitar também a nossa liberdade como graça. Isto é difícil hoje, num

---

[27] SÃO TOMÁS DE AQUINO. *Summa Theologiae*, I-II, q. 114, a. 5.

[28] SANTA TERESA DE LISIEUX. "Ato de oferecimento ao Amor misericordioso" (Orações, 6): *Opere Complete* (Roma, 1997), 943.

mundo que julga possuir algo por si mesmo, fruto da sua própria originalidade e liberdade".[29]

56. Só a partir do dom de Deus, livremente acolhido e humildemente recebido, é que podemos cooperar com os nossos esforços para nos deixarmos transformar cada vez mais.[30] A primeira coisa é pertencer a Deus. Trata-se de nos oferecermos a Ele que nos antecipa, de lhe oferecermos as nossas capacidades, o nosso esforço, a nossa luta contra o mal e a nossa criatividade, para que o seu dom gratuito cresça e se desenvolva em nós: "eu vos exorto, irmãos, pela misericórdia de Deus, a oferecerdes vossos corpos em sacrifício vivo, santo e agradável a Deus" (Rm 12,1). Aliás, a Igreja sempre ensinou que só a caridade torna possível o crescimento na vida da graça, porque, se "não tivesse amor, eu nada seria" (1Cor 13,2).

Os novos pelagianos

57. Ainda há cristãos que insistem em seguir outro caminho: o da justificação pelas suas próprias forças, o da adoração da vontade humana e da própria

---

[29] LUCIO GERA. "Sobre el misterio del pobre", in P. Grelot; L. Gera; A. Dumas, *El Pobre* (Buenos Aires, 1962), 103.

[30] Esta é, em última análise, a doutrina católica acerca do "mérito" posterior à justificação: trata-se da cooperação do justificado no crescimento da vida da graça (cf. CIgC, n. 2010). Todavia, essa cooperação de forma alguma faz com que a própria justificação e a amizade com Deus se tornem objeto de um mérito humano.

capacidade, que se traduz em uma autocomplacência egocêntrica e elitista, desprovida do verdadeiro amor. Manifesta-se em muitas atitudes aparentemente diferentes entre si: a obsessão pela lei, o fascínio de exibir conquistas sociais e políticas, a ostentação no cuidado da liturgia, da doutrina e do prestígio da Igreja, a vanglória ligada à gestão de assuntos práticos, a atração pelas dinâmicas de autoajuda e realização autorreferencial. É nisto que alguns cristãos gastam as suas energias e o seu tempo, em vez de se deixarem guiar pelo Espírito no caminho do amor, apaixonarem-se por comunicar a beleza e a alegria do Evangelho e procurarem os afastados nessas imensas multidões sedentas de Cristo.[31]

58. Muitas vezes, contra o impulso do Espírito, a vida da Igreja transforma-se em uma peça de museu ou em uma propriedade de poucos. Verifica-se isto quando alguns grupos cristãos dão excessiva importância à observância de certas normas próprias, costumes ou estilos. Assim se habituam a reduzir e deter o Evangelho, despojando-o da sua simplicidade cativante e do seu sabor. É talvez uma forma sutil de pelagianismo, porque parece submeter a vida da graça a certas estruturas humanas. Isso diz respeito a grupos, movimentos e comunidades, e explica por que tantas vezes começam

---

[31] EG, n. 95.

com uma vida intensa no Espírito, mas depressa acabam fossilizados ou corruptos.

59. Sem nos darmos conta, pelo fato de pensar que tudo depende do esforço humano canalizado através de normas e estruturas eclesiais, complicamos o Evangelho e tornamo-nos escravos de um esquema que deixa poucas aberturas para que a graça atue. São Tomás de Aquino lembrava-nos de que se deve exigir, com moderação, os preceitos acrescentados ao Evangelho pela Igreja, "para não tornar a vida pesada aos fiéis, [porque assim] se transformaria a nossa religião numa escravidão".[32]

O resumo da Lei

60. Para evitar isso, é bom recordar frequentemente que existe uma hierarquia das virtudes, que nos convida a buscar o essencial. A primazia pertence às virtudes teologais, que têm Deus como objeto e motivo. E, no centro, está a caridade. São Paulo diz que o que conta verdadeiramente é "a fé agindo pelo amor" (Gl 5,6). Somos chamados a cuidar solicitamente da caridade: "quem ama o próximo cumpre plenamente a Lei. (...) Portanto, o amor é o cumprimento perfeito da Lei" (Rm 13,8.10). "Amarás o teu próximo como a ti mesmo'" (Gl 5,14).

---

[32] *Summa Theologiae*, I-II, q. 107, art. 4.

61. Por outras palavras, no meio da densa selva de preceitos e prescrições, Jesus abre uma brecha que permite vislumbrar dois rostos: o do Pai e o do irmão. Não nos dá mais duas fórmulas ou dois preceitos; entrega-nos dois rostos, ou melhor, um só: o de Deus que se reflete em muitos, porque em cada irmão, especialmente no mais pequeno, frágil, inerme e necessitado, está presente a própria imagem de Deus. De fato, será com os descartados desta humanidade vulnerável que, no fim dos tempos, o Senhor plasmará a sua última obra de arte. Pois "o que é que resta? O que é que tem valor na vida? Quais são as riquezas que não desaparecem? Seguramente duas: o Senhor e o próximo. Estas duas riquezas não desaparecem".[33]

62. Que o Senhor liberte a Igreja das novas formas de gnosticismo e pelagianismo que a complicam e detêm no seu caminho para a santidade! Estes desvios manifestam-se de formas diferentes, segundo o temperamento e as caraterísticas próprias. Por isso, exorto cada um a questionar-se e a discernir diante de Deus a maneira como possam estar a manifestar-se na sua vida.

---

[33] FRANCISCO. *Homilia da Santa Missa por ocasião do jubileu das pessoas socialmente excluídas* (13 de novembro de 2016): *L'Osservatore Romano* (ed. portuguesa de 17/11/2016), 5.

Capítulo III

À LUZ DO MESTRE

63. Sobre a essência da santidade, podem haver muitas teorias, abundantes explicações e distinções. Uma reflexão do gênero poderia ser útil, mas não há nada de mais esclarecedor do que voltar às palavras de Jesus e recolher o seu modo de transmitir a verdade. Jesus explicou, com toda simplicidade, o que é ser santo; assim o fez quando nos deixou as bem-aventuranças (Mt 5,3-12; Lc 6,20-23). Estas são como que o bilhete de identidade do cristão. Assim, se um de nós se questionar sobre "como fazer para chegar a ser um bom cristão", a resposta é simples: é necessário fazer – cada qual a seu modo – aquilo que Jesus disse no sermão das bem-aventuranças.[1] Nelas está delineado o rosto do Mestre, que somos chamados a deixar transparecer no dia a dia da nossa vida.

64. A palavra "feliz" ou "bem-aventurado" torna--se sinônimo de "santo", porque expressa que a pessoa fiel a Deus e que vive a sua Palavra alcança, na doação de si mesma, a verdadeira felicidade.

---

[1] FRANCISCO. *Homilia da Missa na Casa de Santa Marta* (9 de junho de 2014): *L'Osservatore Romano* (ed. portuguesa de 12/06/2014), 11.

Contracorrente

65. Estas palavras de Jesus, não obstante possam até parecer poéticas, estão decididamente contracorrente ao que é habitual, àquilo que se faz na sociedade; e, embora esta mensagem de Jesus nos fascine, na realidade o mundo conduz-nos para outro estilo de vida. As bem-aventuranças não são, absolutamente, um compromisso leve ou superficial; pelo contrário, só as podemos viver se o Espírito Santo nos permear com toda a sua força e nos libertar da fraqueza do egoísmo, da preguiça, do orgulho.

66. Voltemos a escutar Jesus, com todo o amor e respeito que o Mestre merece. Permitamos-lhe que nos fustigue com as suas palavras, que nos desafie, que nos chame a uma mudança real de vida. Caso contrário, a santidade não passará de palavras. Recordemos agora as diferentes bem-aventuranças, na versão do Evangelho de Mateus (5,3-12).[2]

"Felizes os pobres em espírito, porque deles é o Reino do Céu"

67. O Evangelho convida-nos a reconhecer a verdade do nosso coração, para ver onde colocamos a

---

[2] A ordem entre a segunda e a terceira bem-aventurança diverge nas diferentes tradições textuais.

segurança da nossa vida. Normalmente, o rico sente-se seguro com as suas riquezas e, quando estas estão em risco, pensa que se desmorona todo o sentido da sua vida na terra. O próprio Jesus nos disse na parábola do rico insensato, falando daquele homem seguro de si, que – como um insensato – não pensava que poderia morrer naquele mesmo dia (Lc 12,16-21).

68. As riquezas não te dão segurança nenhuma. Mais ainda: quando o coração se sente rico, fica tão satisfeito de si mesmo que não tem espaço para a Palavra de Deus, para amar os irmãos, nem para desfrutar das coisas mais importantes da vida. Desse modo, priva-se dos bens maiores. Por isso, Jesus chama felizes os pobres em espírito, que têm o coração pobre, onde pode entrar o Senhor com a sua incessante novidade.

69. Esta pobreza de espírito está intimamente ligada à "santa indiferença" proposta por Santo Inácio de Loyola, na qual alcançamos uma estupenda liberdade interior: "É necessário tornar-nos indiferentes ante todas as coisas criadas (em tudo aquilo que seja permitido à liberdade do nosso livre-arbítrio, e não lhe esteja proibido), de tal modo que, por nós mesmos, não queiramos mais a saúde do que a doença, mais a riqueza do que a pobreza, mais a honra do que a desonra, mais uma vida longa do que curta, e assim em tudo o resto".[3]

---

[3] *Exercícios Espirituais*, 23d (Roma, 61984), 58-59.

70. Lucas não fala de uma pobreza "em espírito", mas simplesmente de ser "pobre" (Lc 6,20), convidando-nos assim a uma vida também austera e essencial. Dessa forma, chama-nos a compartilhar a vida dos mais necessitados, a vida que levaram os Apóstolos e, em última análise, a configurar-nos a Jesus, que, "de rico que era, tornou-se pobre" (2Cor 8,9).

Ser pobre no coração: isto é santidade.

"Felizes os mansos, porque possuirão a terra"

71. É uma frase forte, neste mundo que, desde o início, é um lugar de inimizade, onde se litiga por todo lado, onde há ódio em toda parte, onde constantemente classificamos os outros pelas suas ideias, os seus costumes e até a sua forma de falar ou vestir. Em suma, é o reino do orgulho e da vaidade, onde cada um se julga no direito de elevar-se acima dos outros. Embora pareça impossível, Jesus propõe outro estilo: a mansidão. É o que praticava com os seus discípulos, e contemplamos na sua entrada em Jerusalém: "Eis que o teu rei vem a ti, manso e montado num jumento, num jumentinho, num potro de jumenta" (Mt 21,5; cf. Zc 9,9).

72. Disse Ele: "Sede discípulos meus, porque sou manso e humilde de coração, e encontrareis descanso para vós" (Mt 11,29). Se vivemos tensos, arrogantes diante dos outros, acabamos cansados e exaustos. Mas, quando olhamos os seus limites e defeitos com ternura e mansidão, sem nos sentirmos superiores, podemos dar-lhes uma mão e evitamos de gastar energias em lamentações inúteis. Para Santa Teresa de Lisieux, "a caridade perfeita consiste em suportar os defeitos dos outros, em não se escandalizar com as suas fraquezas".[4]

73. Paulo designa a mansidão como fruto do Espírito Santo (Gl 5,23). E, se alguma vez nos preocuparem as más ações do irmão, propõe que o abordemos para corrigi-lo, mas "em espírito de mansidão (mas não descuides de ti mesmo, para não seres surpreendido, tu também, pela tentação)" (Gl 6,1). Mesmo quando alguém defende a sua fé e as suas convicções, deve fazê-lo com mansidão (1Pd 3,16), e os próprios adversários devem ser tratados com mansidão (2Tm 2,25). Na Igreja, erramos muitas vezes por não ter acolhido este apelo da Palavra divina.

74. A mansidão é outra expressão da pobreza interior, de quem deposita a sua confiança apenas em Deus. De fato, na Bíblia, usa-se muitas vezes a mesma palavra *anawin* para se referir aos pobres e aos mansos. Alguém poderia objetar: "Mas, se eu for assim manso, pensarão que sou insensato, estúpido ou frágil". Talvez seja assim, mas deixemos que os outros pensem isso. É melhor sermos sempre mansos, porque

---

[4] *Manuscrito C*, 12r: *Opere Complete* (Roma, 1997), 247.

assim se realizarão as nossas maiores aspirações: os mansos "possuirão a terra", isto é, verão as promessas de Deus cumpridas na sua vida. Porque os mansos, independentemente do que possam sugerir as circunstâncias, esperam no Senhor, e aqueles que esperam no Senhor possuirão a terra e gozarão de imensa paz (Sl 37[36],9.11). Ao mesmo tempo, o Senhor confia neles: "aqueles por quem eu olho são: o pobre, o de espírito abatido, o que treme diante de minha palavra" (Is 66,2).

Reagir com humilde mansidão: isto é santidade.

"Felizes os que choram, porque serão consolados"

75. O mundo propõe-nos o contrário: o entretenimento, o prazer, a distração, o divertimento. E diz-nos que isso é que torna boa a vida. O mundano ignora, olha para o lado, quando há problemas de doença ou aflição na família ou ao seu redor. O mundo não quer chorar: prefere ignorar as situações dolorosas, cobri-las, escondê-las. Gastam-se muitas energias para escapar das situações onde está presente o sofrimento, julgando que é possível dissimular a realidade, onde nunca, nunca, pode faltar a cruz.

76. A pessoa que, vendo as coisas como realmente estão, se deixa trespassar pela aflição e chora no seu coração, é capaz de alcançar as profundezas da vida e ser autenticamente feliz.[5] Esta pessoa é consolada, mas com a consolação de Jesus e não com a do mundo. Assim pode ter a coragem de compartilhar o sofrimento alheio, e deixa de fugir das situações dolorosas. Desta forma, descobre que a vida tem sentido socorrendo o outro na sua aflição, compreendendo a angústia alheia, aliviando os outros. Esta pessoa sente que o outro é carne da sua carne, não teme aproximar-se até tocar a sua ferida, compadece-se até sentir que as distâncias são superadas. Assim, é possível acolher aquela exortação de São Paulo: "Chorai com os que choram" (Rm 12,15).

Saber chorar com os outros: isto é santidade.

"Felizes os que têm fome e sede de justiça, porque serão saciados"

77. "Fome e sede" são experiências muito intensas, porque correspondem a necessidades primárias e têm a ver com o instinto de sobrevivência. Há pessoas que, com esta mesma intensidade, aspiram pela justiça e buscam-na com um desejo assim forte. Jesus diz que elas serão saciadas, porque a justiça, mais cedo ou mais

---

[5] Desde os tempos patrísticos, a Igreja valoriza o dom das lágrimas, como consta na sugestiva oração *"ad petendam compunctionem cordis* – para pedir o arrependimento do coração": "Ó Deus onipotente e mansíssimo, que fizeste surgir da rocha uma fonte de água viva para o povo sedento, fazei brotar da dureza do nosso coração lágrimas de arrependimento, para podermos chorar os nossos pecados e obter, por vossa misericórdia, a sua remissão" (*Missale Romanum*, ed. typ. 1962, p. 922).

tarde, chega e nós podemos colaborar para torná-lo possível, embora nem sempre vejamos os resultados deste compromisso.

78. Mas a justiça que Jesus propõe não é como a que o mundo procura, uma justiça muitas vezes manchada por interesses mesquinhos, manipulada para um lado ou para outro. A realidade mostra-nos como é fácil entrar nas veredas da corrupção, fazer parte dessa política diária do "dou para que me deem", onde tudo é negócio. E quantas pessoas sofrem por causa das injustiças, quantos ficam assistindo, impotentes, a como outros se revezam para repartir o bolo da vida. Alguns desistem de lutar pela verdadeira justiça e optam por subir para o carro do vencedor. Isto não tem nada a ver com a fome e sede de justiça que Jesus louva.

79. Esta justiça começa por se tornar realidade na vida de cada um, sendo justo nas próprias decisões, e depois se manifesta na busca da justiça para os pobres e vulneráveis. É verdade que a palavra "justiça" pode ser sinônimo de fidelidade à vontade de Deus com toda a nossa vida, mas, se lhe dermos um sentido muito geral, esquecemo-nos de que se manifesta especialmente na justiça com os inermes: "aprendei a fazer o bem, buscai o que é correto, defendei o direito do oprimido, fazei justiça para o órfão, defendei a causa da viúva" (Is 1,17).

Buscar a justiça com fome e sede: isto é santidade.

"Felizes os misericordiosos, porque alcançarão misericórdia"

80. A misericórdia tem dois aspectos: é dar, ajudar, servir os outros, mas também perdoar, compreender. Mateus resume-o em uma regra de ouro: "Tudo, portanto, quanto desejais que os outros vos façam, fazei-o, vós também, a eles" (7,12). O Catecismo lembra-nos de que esta lei se deve aplicar "a todos os casos",[6] especialmente quando alguém "se vê confrontado com situações que tornam o juízo moral menos seguro e a decisão difícil".[7]

81. Dar e perdoar é tentar reproduzir na nossa vida um pequeno reflexo da perfeição de Deus, que dá e perdoa superabundantemente. Por esta razão, no Evangelho de Lucas, já não encontramos "sede, portanto, perfeitos" (Mt 5,48), mas "sede misericordiosos como o vosso Pai é misericordioso. Não julgueis e não sereis julgados; não condeneis e não sereis condenados; perdoai e sereis perdoados. Dai e vos será dado" (6,36-38). E depois Lucas acrescenta algo que não deveríamos descuidar: "a medida que usardes para os outros, servirá também para vós" (6,38). A medida que usarmos para compreender e perdoar será aplicada a nós para nos perdoar. A medida que aplicarmos para dar, será

---

[6] CIgC, n. 1789; cf. n. 1970.

[7] Ibidem, n. 1787.

aplicada a nós no céu para nos recompensar. Não nos convém esquecê-lo.

82. Jesus não diz "felizes os que planejam vingança", mas chama felizes aqueles que perdoam e o fazem "setenta vezes sete vezes" (Mt 18,22). É necessário pensar que todos nós somos uma multidão de perdoados. Todos nós fomos olhados com compaixão divina. Se nos aproximarmos sinceramente do Senhor e ouvirmos com atenção, possivelmente uma vez ou outra escutaremos esta repreensão: "não devias tu também ter compaixão do teu companheiro, como eu tive compaixão de ti?" (Mt 18,33).

Olhar e agir com misericórdia: isto é santidade.

*"Felizes os puros de coração,
porque verão a Deus"*

83. Esta bem-aventurança diz respeito a quem tem um coração simples, puro, sem imundície, pois um coração que sabe amar não deixa entrar na sua vida algo que atente contra esse amor, algo que o enfraqueça ou coloque em risco. Na Bíblia, o coração significa as nossas verdadeiras intenções, o que realmente buscamos e desejamos, para além do que aparentamos: "O homem vê a aparência, o Senhor vê o coração" (1Sm 16,7). Ele procura falar-nos ao coração (Os 2,16) e nele deseja gravar a sua Lei (Jr 31,33). Em última análise, quer dar-nos um coração novo (Ez 36,26).

84. "Com todo o cuidado guarda teu coração, pois dele procede a vida" (Pr 4,23). Nada de manchado pela falsidade tem valor real para o Senhor. Ele "foge da astúcia, afasta-se dos pensamentos insensatos" (Sb 1,5). O Pai, que "vê no escondido" (Mt 6,6), reconhece o que não é limpo, ou seja, o que não é sincero, mas só casca e aparência; e de igual modo também o Filho sabe o que há em cada ser humano (Jo 2,25).

85. É verdade que não há amor sem obras de amor, mas esta bem-aventurança lembra-nos de que o Senhor espera uma dedicação ao irmão que brote do coração, pois "se eu gastasse todos os meus bens no sustento dos pobres e até me entregasse como escravo, para me gloriar, mas não tivesse amor, de nada me aproveitaria" (1Cor 13,3). Também vemos, no Evangelho de Mateus, que é "o que sai da boca vem do coração, e isso é que torna impuro" (15,18), porque de lá procedem os homicídios, os roubos, os falsos testemunhos (15,19). Nas intenções do coração, têm origem os desejos e as decisões mais profundas que efetivamente nos movem.

86. Quando o coração ama a Deus e ao próximo (Mt 22,36-40), quando isto é a sua verdadeira intenção e não palavras vazias, então esse coração é puro e pode ver a Deus. São Paulo lembra, em pleno hino da caridade, que "vemos num espelho, confusamente" (1Cor 13,12), mas, à medida que reinar verdadeiramente o amor, tornar-nos-emos capazes de ver "face a face" (1Cor 13,12). Jesus promete que as pessoas de coração puro "verão a Deus".

Manter o coração limpo de tudo o que mancha o amor: isto é santidade.

"Felizes os pacificadores, porque serão chamados filhos de Deus"

87. Esta bem-aventurança faz-nos pensar nas numerosas situações de guerra que perduram. Da nossa parte, é muito comum sermos causa de conflitos ou, pelo menos, de incompreensões. Por exemplo, quando ouço qualquer coisa sobre alguém e vou ter com outro e lhe digo; e até faço uma segunda versão um pouco mais ampla e espalho-a. E, se o dano que consigo fazer é maior, até parece que me causa maior satisfação. O mundo das murmurações, feito por pessoas que se dedicam a criticar e destruir, não constrói a paz. Pelo contrário, tais pessoas são inimigas da paz e, de modo nenhum, bem-aventuradas.[8]

---

[8] A difamação e a calúnia são comparáveis a um ato terrorista: atira-se a bomba, destrói e o terrorista segue o seu caminho feliz e tranquilo. Isso é muito diferente da nobreza de quem se aproxima para falar face a face, com sinceridade serena, pensando no bem do outro.

88. Os pacíficos são fonte de paz, constroem paz e amizade social. Àqueles que cuidam de semear a paz por todo o lado, Jesus faz-lhes uma promessa maravilhosa: "serão chamados filhos de Deus" (Mt 5,9). Aos discípulos, pedia-lhes que, ao chegar a uma casa, dissessem: "a paz esteja nesta casa!" (Lc 10,5). A Palavra de Deus exorta cada fiel a procurar, juntamente "com todos", a paz (2Tm 2,22), pois "o fruto da justiça é semeado na paz, para aqueles que promovem a paz" (Tg 3,18). E na nossa comunidade, se alguma vez tivermos dúvidas acerca do que se deve fazer, "busquemos tenazmente tudo o que contribui para a paz" (Rm 14,19), porque a unidade é superior ao conflito.[9]

89. Não é fácil construir esta paz evangélica que não exclui ninguém; antes, integra mesmo aqueles que são um pouco estranhos, as pessoas difíceis e complicadas, os que reclamam atenção, aqueles que são diferentes, aqueles que são muito fustigados pela vida, aqueles que cultivam outros interesses. É difícil, requerendo uma grande abertura da mente e do coração, uma vez que não se trata de "um consenso de escritório

---

[9] Em algumas ocasiões, pode ser necessário falar sobre as dificuldades de um irmão. Nestes casos, porém, pode acontecer que se transmita uma interpretação em vez do fato objetivo. A paixão deforma a realidade concreta do fato, transforma-o em uma interpretação e acaba-se por transmitir esta interpretação cheia de subjetividade. Deste modo, destrói-se a realidade e não se respeita a verdade do outro.

ou uma paz efêmera para uma minoria feliz"[10] nem de "um projeto de poucos para poucos".[11] Também não pretende ignorar ou dissimular os conflitos, mas "aceitar suportar o conflito, resolvê-lo e transformá-lo no elo de um novo processo".[12] Trata-se de ser artesãos da paz, porque construir a paz é uma arte que requer serenidade, criatividade, sensibilidade e destreza.

Semear a paz ao nosso redor: isto é santidade.

"Felizes os que sofrem perseguição por causa da justiça, porque deles é o Reino do Céu"

90. O próprio Jesus sublinha que este caminho vai contracorrente, a ponto de nos transformar em pessoas que questionam a sociedade com a sua vida, pessoas que incomodam. Jesus lembra as inúmeras pessoas que foram, e são, perseguidas simplesmente por terem lutado pela justiça, terem vivido os seus compromissos com Deus e com os outros. Se não queremos afundar em uma obscura mediocridade, não pretendamos uma vida cômoda, porque, "quem quiser salvar sua vida a perderá" (Mt 16,25).

91. Para viver o Evangelho, não podemos esperar que tudo à nossa volta seja favorável, porque muitas

---

[10] EG, n. 218.

[11] Ibidem, n. 239.

[12] Ibidem, n. 227.

vezes as ambições de poder e os interesses mundanos jogam contra nós. São João Paulo II declarava "alienada a sociedade que, nas suas formas de organização social, de produção e de consumo, torna mais difícil a realização [do] dom [de si mesmo] e a constituição [da] solidariedade inter-humana".[13] Em tal sociedade alienada, enredada em uma trama política, mediática, econômica, cultural e mesmo religiosa, que estorva o autêntico desenvolvimento humano e social, torna-se difícil viver as bem-aventuranças, podendo até a sua vivência ser malvista, suspeita, ridicularizada.

92. A cruz, especialmente as fadigas e os sofrimentos que suportamos para viver o mandamento do amor e o caminho da justiça, é fonte de amadurecimento e santificação. Lembremo-nos disto: quando o Novo Testamento fala dos sofrimentos que é preciso suportar pelo Evangelho, refere-se precisamente às perseguições (At 5,41; Fl 1,29; Cl 1,24; 2Tm 1,12; 1Pd 2,20; 4,14-16; Ap 2,10).

93. Fala-se, porém, das perseguições inevitáveis, não daquelas que nós próprios podemos provocar com um modo errado de tratar os outros. Um santo não é uma pessoa excêntrica, distante, que se torna insuportável pela sua vaidade, negativismo e ressentimento. Não

---

[13] SÃO JOÃO PAULO II. Carta Encíclica *Centesimus Annus* (CA) (1º de maio de 1991), n. 41: *AAS* 83 (1991), 844-845.

eram assim os Apóstolos de Cristo. O livro dos Atos dos Apóstolos refere, com insistência, que eles desfrutavam da simpatia de "todo o povo" (2,47; cf. 4,21.33; 5,13), enquanto algumas autoridades os assediavam e perseguiam (4,1-3; 5,17-18).

94. As perseguições não são uma realidade do passado, porque hoje também as sofremos quer de forma cruenta, como tantos mártires contemporâneos, quer de uma maneira mais sutil, através de calúnias e falsidades. Jesus diz que haverá felicidade, quando, "mentindo, disserem todo mal contra vós por causa de mim" (Mt 5,11). Outras vezes, trata-se de zombarias que tentam desfigurar a nossa fé e fazer-nos passar por pessoas ridículas.

Abraçar diariamente o caminho do Evangelho, mesmo que nos acarrete problemas: isto é santidade.

A grande regra de comportamento

95. No capítulo 25 do Evangelho de Mateus (v. 31-46), Jesus volta a deter-se em uma destas bem-aventuranças: a que declara felizes os misericordiosos. Se andamos à procura da santidade que agrada a Deus, neste texto encontramos precisamente uma regra de comportamento com base na qual seremos julgados: "Pois eu estava com fome, e me destes de comer; estava com sede, e me destes de beber; eu era forasteiro, e me recebestes em casa; estava nu e me vestistes; doente, e cuidastes de mim; na prisão, e fostes visitar-me" (25,35-36).

Por fidelidade ao Mestre

96. Deste modo, ser santo não significa revirar os olhos em um suposto êxtase. Dizia São João Paulo II que, "se verdadeiramente partimos da contemplação de Cristo, devemos saber vê-lo sobretudo no rosto daqueles com quem Ele mesmo se quis identificar".[14] O texto de Mateus 25,35-36 "não é um mero convite à caridade, mas uma página de cristologia que projeta um feixe de luz sobre o mistério de Cristo".[15] Neste apelo a reconhecê-lo nos pobres e atribulados, revela-se o próprio coração de Cristo, os seus sentimentos e as suas opções mais profundas, com os quais se procura configurar todo o santo.

97. Perante a força destas solicitações de Jesus, é meu dever pedir aos cristãos que as aceitem e recebam com sincera abertura, *sine glossa*, isto é, sem comentários, especulações e desculpas que lhes tirem força. O Senhor deixou-nos bem claro que a santidade não se pode compreender nem viver prescindindo destas suas

---

[14] NMI, n. 49: *AAS* 93 (2001), 302.

[15] Idem.

exigências, porque a misericórdia é o "coração pulsante do Evangelho".[16]

98. Quando encontro uma pessoa a dormir ao relento, em uma noite fria, posso sentir que este vulto seja um imprevisto que me detém, um delinquente ocioso, um obstáculo no meu caminho, um aguilhão molesto para a minha consciência, um problema que os políticos devem resolver e talvez até um monte de lixo que suja o espaço público. Ou então posso reagir a partir da fé e da caridade e reconhecer nele um ser humano com a mesma dignidade que eu, uma criatura infinitamente amada pelo Pai, uma imagem de Deus, um irmão redimido por Jesus Cristo. Isto é ser cristão! Ou poder-se-á porventura entender a santidade prescindindo deste reconhecimento vivo da dignidade de todo o ser humano?[17]

99. Para os cristãos, isto supõe uma saudável e permanente insatisfação. Embora dar alívio a uma única pessoa já justificasse todos os nossos esforços, para nós isso não é suficiente. Com clareza o afirmaram os Bispos do Canadá ao mostrar como nos ensinamentos bíblicos sobre o Jubileu, por exemplo, não se trata apenas

---

[16] FRANCISCO. Bula de Proclamação do Jubileu Extraordinário da Misericórdia *Misericordiae Vultus* (MV), n. 12. Documentos Pontifícios 20. Brasília: Edições CNBB, 2015.

[17] Lembremos a reação do bom samaritano à vista do homem que os salteadores deixaram meio morto na beira da estrada (Lc 10,30-37).

de fazer algumas ações boas, mas de procurar uma mudança social: "para que fossem libertadas também as gerações futuras, o objetivo proposto era claramente o restabelecimento de sistemas sociais e econômicos justos, a fim de que não pudesse haver mais exclusão".[18]

As ideologias que mutilam o coração do Evangelho

100. Às vezes, infelizmente, as ideologias levam-nos a dois erros nocivos. Por um lado, o erro dos cristãos que separam estas exigências do Evangelho do seu relacionamento pessoal com o Senhor, da união interior com Ele, da graça. Assim transforma-se o cristianismo em uma espécie de ONG, privando-o daquela espiritualidade irradiante que, tão bem, viveram e manifestaram São Francisco de Assis, São Vicente de Paulo, Santa Teresa de Calcutá e muitos outros. A estes grandes santos, nem a oração, nem o amor de Deus, nem a leitura do Evangelho diminuíram a paixão e a eficácia da sua dedicação ao próximo; ao contrário...

101. Mas é nocivo e ideológico também o erro das pessoas que vivem suspeitando do compromisso social dos outros, considerando-o algo de superficial,

---

[18] CONFERÊNCIA CANADIANA DOS BISPOS CATÓLICOS - COMISSÃO DE ASSUNTOS SOCIAIS. Carta aberta aos membros do Parlamento *The Common Good or Exclusion: a Choice for Canadians* (1º de fevereiro de 2001), 9.

mundano, secularizado, imanentista, comunista, populista; ou então o relativizam como se houvesse outras coisas mais importantes, como se interessasse apenas uma determinada ética ou um arrazoado que eles defendem. A defesa do inocente nascituro, por exemplo, deve ser clara, firme e apaixonada, porque neste caso está em jogo a dignidade da vida humana, sempre sagrada, e exige-o o amor por toda a pessoa, independentemente do seu desenvolvimento. Mas igualmente sagrada é a vida dos pobres que já nasceram e se debatem na miséria, no abandono, na exclusão, no tráfico de pessoas, na eutanásia encoberta de doentes e idosos privados de cuidados, nas novas formas de escravatura, e em todas as formas de descarte.[19] Não podemos propor-nos um ideal de santidade que ignore a injustiça deste mundo, onde alguns festejam, gastam folgadamente e reduzem a sua vida às novidades do consumo, ao mesmo tempo que outros se limitam a olhar de fora enquanto a sua vida passa e termina miseravelmente.

102. Muitas vezes ouve-se dizer que, ante o relativismo e os limites do mundo atual, seria um tema marginal, por exemplo, a situação dos migrantes.

---

[19] A V Conferência Geral do Episcopado Latino-Americano, atendo-se ao magistério constante da Igreja, ensinou que o ser humano "é sempre sagrado, desde a sua concepção, *em todas as etapas da existência*, até à sua morte natural e depois da morte", e que a sua vida deve ser cuidada "desde a concepção, *em todas as suas etapas*, até à morte natural" (*Documento de Aparecida*, 29 de junho de 2007, 388;464).

Alguns católicos afirmam que é um tema secundário relativamente aos temas "sérios" da bioética. Que fale assim um político preocupado com os seus sucessos, talvez se possa chegar a compreender; mas não um cristão, cuja única atitude condigna é colocar-se na pele do irmão que arrisca a vida para dar um futuro aos seus filhos. Poderemos reconhecer que é precisamente isto o que nos exige Jesus quando diz que a Ele mesmo recebemos em cada forasteiro (Mt 25,35)? São Bento assumira-o sem reservas e, embora isto pudesse "complicar" a vida dos monges, estabeleceu que todos os hóspedes que se apresentassem no mosteiro fossem acolhidos "como Cristo",[20] manifestando-o mesmo com gestos de adoração,[21] e que os pobres e peregrinos fossem tratados "com o máximo cuidado e solicitude".[22]

103. Algo de semelhante propõe o Antigo Testamento, quando diz: "não maltrates o estrangeiro nem o oprimas, pois vós fostes estrangeiros no Egito" (Ex 22,20). "O estrangeiro que mora convosco seja para vós como o nativo. Ama-o como a ti mesmo, pois vós também fostes estrangeiros na terra do Egito" (Lv 19,34). Por isso, não se trata da invenção de um Papa nem de um delírio passageiro. Também nós, no contexto atual,

---

[20] *Regra*, 53, 1: *PL* 66, 749.

[21] Ibidem, 53, 7: *o. c.*, 750.

[22] Ibidem, 53, 15: *o. c.*, 751.

somos chamados a viver o caminho de iluminação espiritual que nos apresentava o profeta Isaías quando, interrogando-se sobre o que agrada a Deus, respondia: "Não será repartir tua comida com quem tem fome? Hospedar na tua casa os pobres sem destino? Vestir uma roupa naquele que encontras nu e jamais tentar te esconder do pobre teu irmão? Aí, então, qual novo amanhecer, vai brilhar a tua luz" (58,7-8).

O culto que mais lhe agrada

104. Poder-se-ia pensar que damos glória a Deus só com o culto e a oração, ou apenas observando algumas normas éticas (é verdade que o primado pertence à relação com Deus), mas esquecemos que o critério de avaliação da nossa vida é, antes de mais nada, o que fizemos pelos outros. A oração é preciosa, se alimenta uma doação diária de amor. O nosso culto agrada a Deus, quando levamos lá os propósitos de viver com generosidade e quando deixamos que o dom lá recebido se manifeste na dedicação aos irmãos.

105. Pela mesma razão, o melhor modo para discernir se o nosso caminho de oração é autêntico será ver em que medida a nossa vida se vai transformando à luz da misericórdia. Com efeito, "a misericórdia não é apenas o agir do Pai, mas torna-se o critério para individuar quem são os seus verdadeiros filhos".[23] É "a arquitrave que suporta a vida da Igreja".[24] Quero assinalar mais uma vez que, embora a misericórdia não exclua a justiça e a verdade, "antes de tudo, temos de dizer que a misericórdia é a plenitude da justiça e a manifestação mais luminosa da verdade de Deus".[25] A misericórdia "é a chave do Céu".[26]

106. Não posso deixar de lembrar a questão que se colocava São Tomás de Aquino ao interrogar-se quais são as nossas ações maiores, quais são as obras exteriores que manifestam melhor o nosso amor a Deus. Responde sem hesitar que, mais do que os atos de culto, são as obras de misericórdia para com o próximo:[27] "não praticamos o culto a Deus com sacrifícios e com ofertas exteriores para proveito dele, mas para benefício nosso e do próximo: de fato Ele não precisa dos nossos sacrifícios, mas quer que lhos ofereçamos para nossa devoção e para utilidade do próximo. Por isso a misericórdia, pela qual socorremos as carências

---

[23] MV, n. 9.

[24] Ibidem, 10.

[25] FRANCISCO. Exortação Apostólica Pós-Sinodal *Amoris Laetitia* (AL), n. 311. Documentos Pontifícios 24. Brasília: Edições CNBB, 2016.

[26] EG, n. 197.

[27] *Summa Theologiae*, II-II, q. 30, a. 4.

alheias, ao favorecer mais diretamente a utilidade do próximo, é o sacrifício que mais lhe agrada".[28]

107. Quem deseja verdadeiramente dar glória a Deus com a sua vida, quem realmente se quer santificar para que a sua existência glorifique o Santo, é chamado a obstinar-se, gastar-se e cansar-se procurando viver as obras de misericórdia. Muito bem o entendera Santa Teresa de Calcutá: "sim, tenho muitas fraquezas humanas, muitas misérias humanas. (...) Mas Ele abaixa-se e serve-se de nós, de ti e de mim, para sermos o seu amor e a sua compaixão no mundo, apesar dos nossos pecados, apesar das nossas misérias e defeitos. Ele depende de nós para amar o mundo e demonstrar-lhe o muito que o ama. Se nos ocuparmos demasiado de nós mesmos, não teremos tempo para os outros".[29]

108. O consumismo hedonista pode-nos enganar, porque, na obsessão de divertir-nos, acabamos por estar excessivamente concentrados em nós mesmos, nos nossos direitos e na exacerbação de ter tempo livre para gozar a vida. Será difícil que nos comprometamos e dediquemos energias a dar uma mão a quem está mal, se não cultivarmos uma certa austeridade, se não lutarmos contra esta febre que a sociedade de consumo nos impõe para nos vender coisas, acabando por nos transformar

---

[28] Ibidem, ad 1.

[29] *Cristo en los Pobres* (Madrid, 1981), 37-38.

em pobres insatisfeitos que tudo querem ter e provar. O próprio consumo de informação superficial e as formas de comunicação rápida e virtual podem ser um fator de estonteamento que ocupa todo o nosso tempo e nos afasta da carne sofredora dos irmãos. No meio deste turbilhão atual, volta a ressoar o Evangelho para nos oferecer uma vida diferente, mais saudável e mais feliz.

***

109. A força do testemunho dos santos consiste em viver as bem-aventuranças e a regra de comportamento do juízo final. São poucas palavras, simples, mas práticas e válidas para todos, porque o cristianismo está feito principalmente para ser praticado e, se é também objeto de reflexão, isso só tem valor quando nos ajuda a viver o Evangelho na vida diária. Recomendo vivamente que se leia, com frequência, estes grandes textos bíblicos, que sejam recordados, que se reze com eles, que se procure encarná-los. Far-nos-ão bem, tornar-nos-ão genuinamente felizes.

Capítulo IV

ALGUMAS CARATERÍSTICAS DA SANTIDADE NO MUNDO ATUAL

110. Neste grande quadro da santidade que as bem-aventuranças e Mateus 25,31-46 nos propõem, gostaria de recolher algumas caraterísticas ou traços espirituais que, a meu ver, são indispensáveis para compreender o estilo de vida a que o Senhor nos chama. Não me deterei a explicar os meios de santificação que já conhecemos: os diferentes métodos de oração, os sacramentos inestimáveis da Eucaristia e da Reconciliação, a oferta de sacrifícios, as várias formas de devoção, a direção espiritual e muitos outros. Limitar-me-ei a referir alguns aspectos do chamado à santidade, que tenham – assim o espero – uma ressonância especial.

111. Estas caraterísticas que quero evidenciar não são todas as que podem constituir um modelo de santidade, mas são cinco grandes manifestações do amor a Deus e ao próximo, que considero particularmente importantes devido a alguns riscos e limites da cultura de hoje. Nesta se manifestam: a ansiedade nervosa e violenta que nos dispersa e enfraquece; o negativismo e a tristeza; a acédia cômoda, consumista e egoísta; o individualismo e tantas formas de falsa espiritualidade sem encontro com Deus que reinam no mercado religioso atual.

Tolerância, paciência e mansidão

112. A primeira destas grandes caraterísticas é permanecer centrado, firme em Deus que ama e sustenta. A partir desta firmeza interior, é possível aguentar, suportar as contrariedades, as vicissitudes da vida e também as agressões dos outros, as suas infidelidades e defeitos: "se Deus é por nós, quem será contra nós?" (Rm 8,31). Nisso está a fonte da paz que se expressa nas atitudes de um santo. Com base em tal solidez interior, o testemunho de santidade, no nosso mundo acelerado, volúvel e agressivo, é feito de paciência e constância no bem. É a fidelidade (*pistis*) do amor, pois quem se apoia em Deus também pode ser fiel (*pistós*) aos irmãos, não os abandonando nos momentos difíceis, nem se deixando levar pela própria ansiedade, mas mantendo-se ao lado dos outros mesmo quando isso não lhe proporcione qualquer satisfação imediata.

113. São Paulo convidava os cristãos de Roma a não pagar a ninguém o mal com o mal (Rm 12,17), a não se fazer justiça por conta própria (12,19), nem a deixar-se vencer pelo mal, mas vencer o mal com o bem (12,21). Esta atitude não é sinal de fraqueza, mas da verdadeira força, porque o próprio Deus "é lento para a ira e muito poderoso" (Na 1,3). Assim nos adverte a Palavra de Deus: "Desapareça do meio de vós todo amargor e exaltação, toda ira e gritaria, ultrajes e toda espécie de maldade" (Ef 4,31).

114. É preciso lutar e estar atentos às nossas inclinações agressivas e egocêntricas, para não deixar que ganhem raízes: "Podeis irar-vos, contanto que não pequeis. Não se ponha o sol sobre vossa ira" (Ef 4,26). Quando há circunstâncias que nos acabrunham, sempre podemos recorrer à âncora da súplica, que nos leva a ficar de novo nas mãos de Deus e junto da fonte da paz: "Não vos preocupeis com coisa alguma, mas, em toda ocasião, apresentai a Deus os vossos pedidos, em orações e súplicas, acompanhadas de ação de graças. E a paz de Deus, que supera todo entendimento, guardará os vossos corações e os vossos pensamentos no Cristo Jesus" (Fl 4,6-7).

115. Pode acontecer também que os cristãos façam parte de redes de violência verbal através da internet e vários fóruns ou espaços de intercâmbio digital. Mesmo nos *media* católicos, é possível ultra-passar os limites, tolerando-se a difamação e a calúnia e parecendo excluir qualquer ética e respeito pela fama alheia. Gera-se, assim, um dualismo perigoso, porque, nestas redes, dizem-se coisas que não seriam toleráveis na vida pública e procura-se compensar as próprias insatisfações descarregando furiosamente os desejos de vingança. É impressionante como, às vezes, pretendendo defender outros mandamentos, se ignora completamente o oitavo: "não levantar falsos testemunhos" e destrói-se sem piedade a imagem alheia. Nisto se manifesta como a língua descontrolada "é um fogo! É o universo da malícia (...) e pondo em chamas a roda da vida, sendo ela mesma inflamada pela geena" (Tg 3,6).

116. A firmeza interior, que é obra da graça, impede de nos deixarmos arrastar pela violência que invade a vida social, porque a graça aplaca a vaidade e torna possível a mansidão do coração. O santo não gasta as suas energias a lamentar-se dos erros alheios, é capaz de guardar silêncio sobre os defeitos dos seus irmãos e evita a violência verbal que destrói e maltrata, porque não se julga digno de ser duro com os outros, mas considera-os superiores a si próprio (Fl 2,3).

117. Não nos faz bem olhar com altivez, assumir o papel de juízes sem piedade, considerar os outros como indignos e pretender continuamente dar lições. Esta é uma forma sutil de violência.[1] São João da Cruz

---

[1] Há muitas formas de *bullying* que, embora pareçam elegantes ou respeitosas e até mesmo muito espirituais, provocam muito sofrimento na autoestima dos outros.

propunha outra coisa: "mostra-te sempre mais propenso a ser ensinado por todos do que a querer ensinar quem é inferior a todos".[2] E acrescentava um conselho para afastar o demônio: "alegrando-te com o bem dos outros como se fosse teu e procurando sinceramente que estes sejam preferidos a ti em todas as coisas, assim vencerás o mal com o bem, afastarás o demônio para longe e alegrarás o coração. Procura exercitá-lo sobretudo com aqueles que te são menos simpáticos. E sabe que, se não te exercitares neste campo, não chegarás à verdadeira caridade nem tirarás proveito dela".[3]

118. A humildade só se pode enraizar no coração através das humilhações. Sem elas, não há humildade nem santidade. Se não fores capaz de suportar e oferecer a Deus algumas humilhações, não és humilde nem estás no caminho da santidade. A santidade que Deus dá à sua Igreja, vem através da humilhação do seu Filho: este é o caminho. A humilhação faz-te semelhante a Jesus, é parte ineludível da imitação de Jesus: "Cristo sofreu por vós deixando-vos um exemplo, para que sigais, os seus passos" (1Pd 2,21). Ele, por sua vez, manifesta a humildade do Pai, que se humilha para caminhar com o seu povo, que suporta as suas infidelidades e murmurações (Ex 34,6-9; Sb 11,23–12,2; Lc 6,36). Por este

---

[2] *Cautelas*, 13: *Opere* (Roma, [4]1979), 1070.

[3] Ibidem, 13: *o. c.*, 1070.

motivo os Apóstolos, depois da humilhação, estavam "alegres por terem sido considerados dignos de injúrias por causa do santo Nome" (At 5,41).

119. Não me refiro apenas às situações cruentas de martírio, mas às humilhações diárias daqueles que calam para salvar a sua família, ou evitam falar bem de si mesmos e preferem louvar os outros em vez de se gloriar, escolhem as tarefas menos vistosas e às vezes até preferem suportar algo de injusto para o oferecer ao Senhor: "se fazeis o bem e suportais o sofrimento, isto vos torna agradáveis junto a Deus" (1Pd 2,20). Não é caminhar com a cabeça inclinada, falar pouco ou escapar da sociedade. Às vezes, uma pessoa, precisamente porque está liberta do egocentrismo, pode ter a coragem de discutir amavelmente, reclamar justiça ou defender os fracos diante dos poderosos, mesmo que isso traga consequências negativas para a sua imagem.

120. Não digo que a humilhação seja algo de agradável, porque isso seria masoquismo, mas que se trata de um caminho para imitar Jesus e crescer na união com Ele. Isso não é compreensível no plano natural, e o mundo ridiculariza semelhante proposta. É uma graça que precisamos implorar: "Senhor, quando chegarem as humilhações, ajuda-me a sentir que estou seguindo atrás de ti, no teu caminho".

121. Esta atitude pressupõe um coração pacifica-
do por Cristo, liberto daquela agressividade que brota
de um "ego" demasiado grande. A própria pacificação,
que a graça realiza, permite-nos manter uma segurança
interior e aguentar, perseverar no bem "se eu tiver de
andar por vale escuro" (Sl 23[22],4) ou "se contra mim
acampa um exército" (Sl 27[26],3). Firmes no Senhor,
a Rocha, podemos cantar: "Em paz, logo que me deito,
adormeço, pois só tu, Senhor, me fazes descansar com
segurança" (Sl 4,9). Em suma, Cristo "é a nossa paz" (Ef
2,4) e veio "dirigir nossos passos no caminho da paz"
(Lc 1,79). Ele fez saber a Santa Faustina Kowalska: "a
humanidade não encontrará paz, enquanto não se dirigir
com confiança à minha misericórdia".[4] Por isso, não
caiamos na tentação de procurar a segurança interior
no sucesso, nos prazeres vazios, na riqueza, no domínio
sobre os outros ou na imagem social: "Deixo-vos a paz,
dou-vos a minha paz. Não é à maneira do mundo que
eu a dou" (Jo 14,27).

Alegria e sentido de humor

122. O que ficou dito até agora não implica um
espírito retraído, tristonho, amargo, melancólico ou um
perfil sumido, sem energia. O santo é capaz de viver

---

[4] *A Misericórdia Divina na minha alma. Diário da Beata Irmã Faustina Kowalska* (Cidade do Vaticano 1996), 132.

com alegria e sentido de humor. Sem perder o realismo, ilumina os outros com um espírito positivo e rico de esperança. Ser cristão é "alegria no Espírito Santo" (Rm 14,17), porque, "do amor de caridade, segue-se necessariamente a alegria. Pois quem ama sempre se alegra na união com o amado. (...) Daí que a consequência da caridade seja a alegria".[5] Recebemos a beleza da sua Palavra e abraçamo-la "em meio a muita tribulação e, no entanto, com a alegria que vem do Espírito Santo" (1Ts 1,6). Se deixarmos que o Senhor nos arranque da nossa concha e mude a nossa vida, então poderemos realizar o que pedia São Paulo: "Alegrai-vos sempre no Senhor! Repito, alegrai-vos!" (Fl 4,4).

123. Os profetas anunciavam o tempo de Jesus, que estamos a viver, como uma revelação da alegria: "grita de alegria" (Is 12,6). "Sobe a uma alta montanha, Mensageira Sião, levanta com força tua voz, Mensageira Jerusalém" (Is 40,9). "Dá louvores, ó céu! Fica feliz, ó terra! Montanhas, soltai gritos de louvor, pois o Senhor vem consolar seu povo, mostrar ternura para com seus pobres" (Is 49,13). "Dança de alegria, filha de Sião, dá vivas, filha de Jerusalém, pois agora o teu rei está chegando, justo e vitorioso" (Zc 9,9). E não esqueçamos a exortação de Neemias: "Não é dia de luto, pois a alegria do Senhor será a vossa força" (8,10).

---

[5] SÃO TOMÁS DE AQUINO. *Summa Theologiae*, I-II, q. 70, a. 3.

124. Maria, que soube descobrir a novidade trazida por Jesus, cantava: "o meu espírito se alegra" (Lc 1,47) e o próprio Jesus "exultou no Espírito Santo" (Lc 10,21). Quando Ele passava, "a multidão inteira se alegrava" (Lc 13,17). Depois da sua ressurreição, onde chegavam os discípulos, havia grande alegria (At 8,8). Jesus assegurou-nos: "chorareis e lamentareis, mas o mundo se alegrará. Ficareis tristes, mas a vossa tristeza se transformará em alegria! (...) Mas eu vos verei novamente, e o vosso coração se alegrará, e ninguém poderá tirar a vossa alegria" (Jo 16,20.22). "Eu vos disse isso, para que a minha alegria esteja em vós, e a vossa alegria seja completa" (Jo 15,11).

125. Existem momentos difíceis, tempos de cruz, mas nada pode destruir a alegria sobrenatural, que "se adapta e transforma, mas sempre permanece pelo menos como um feixe de luz que nasce da certeza pessoal de, não obstante o contrário, sermos infinitamente amados".[6] É uma segurança interior, uma serenidade cheia de esperança que proporciona uma satisfação espiritual incompreensível à luz dos critérios mundanos.

126. Normalmente, a alegria cristã é acompanhada pelo sentido do humor, tão saliente, por exemplo, em São Tomás Moro, São Vicente de Paulo, ou São Filipe Néri. O mau humor não é um sinal de santidade: "tira

---

[6] EG, n. 6.

a angústia do teu coração e afasta o mal do teu corpo" (Ecl 11,10). É tanto o que recebemos do Senhor "para nosso bom uso" (1Tm 6,17), que às vezes a tristeza tem a ver com a ingratidão, com estar tão fechados em nós mesmos que nos tornamos incapazes de reconhecer os dons de Deus.[7]

127. Assim nos convida o seu amor paterno: "Filho, se tens posses, faze o bem a ti mesmo (...). Não te prives do bem de um dia" (Eclo 14,11.14). Quer-nos positivos, agradecidos e não demasiado complicados: "Num dia feliz desfruta dos bens (…) Deus fez tanto um como o outro, de tal modo que ninguém pode descobrir alguma coisa do seu futuro" (Ecl 7,14.29). Em cada situação, devemos manter um espírito flexível, fazendo como São Paulo: aprendi a adaptar-me "em qualquer situação" (Fl 4,11). Isto mesmo vivia São Francisco de Assis, capaz de se comover de gratidão perante um pedaço de pão duro, ou de louvar, feliz, a Deus só pela brisa que acariciava o seu rosto.

---

[7] Recomendo a reza desta oração atribuída a São Tomás Moro: "Dai-me, Senhor, uma boa digestão e também qualquer coisa para digerir. Dai-me a saúde do corpo, com o bom humor necessário para a conservar. Dai-me, Senhor, uma alma santa que saiba aproveitar o que é bom e puro, e não se assuste à vista do pecado, mas encontre a forma de colocar as coisas de novo em ordem. Dai-me uma alma que não conheça o tédio, as murmurações, os suspiros e os lamentos, e não permitas que sofra excessivamente por essa realidade tão dominadora que se chama 'eu'. Dai-me, Senhor, o sentido do humor. Dai-me a graça de entender os gracejos, para que conheça na vida um pouco de alegria e possa comunicá-la aos outros. Assim seja".

128. Não estou a falar da alegria consumista e individualista muito presente em algumas experiências culturais de hoje. Com efeito, o consumismo só atravanca o coração; pode proporcionar prazeres ocasionais e passageiros, mas não alegria. Refiro-me, antes, àquela alegria que se vive em comunhão, que se partilha e comunica, porque "há mais felicidade em dar do que em receber" (At 20,35) e "Deus ama quem dá com alegria" (2Cor 9,7). O amor fraterno multiplica a nossa capacidade de alegria, porque nos torna capazes de rejubilar com o bem dos outros: "alegrai-vos com os que se alegram" (Rm 12,15). "Alegramo-nos quando nós somos fracos e vós, fortes" (2Cor 13,9). Ao contrário, "concentrando-nos sobretudo nas nossas próprias necessidades, condenamo-nos a viver com pouca alegria".[8]

Ousadia e ardor

129. Ao mesmo tempo, a santidade é parrésia: é ousadia, é impulso evangelizador que deixa uma marca neste mundo. Para isso ser possível, o próprio Jesus vem ao nosso encontro, repetindo-nos com serenidade e firmeza: "Não tenhais medo!" (Mc 6,50). "Eis que estou convosco todos os dias, até o fim dos tempos" (Mt 28,20). Estas palavras permitem-nos partir e servir com aquela atitude cheia de coragem que o Espírito Santo

---

[8] AL, n. 110.

suscitava nos Apóstolos, impelindo-os a anunciar Jesus Cristo. Ousadia, entusiasmo, falar com liberdade, ardor apostólico: tudo isto está contido no termo parrésia, uma palavra com que a Bíblia expressa também a liberdade de uma existência aberta, porque está disponível para Deus e para os irmãos (At 4,29; 9,28; 28,31; 2Cor 3,12; Ef 3,12; Hb 3,6; 10,19).

130. O Beato Paulo VI mencionava, entre os obstáculos da evangelização, precisamente a carência de parrésia, "a falta de ardor, tanto mais grave [porque] provém de dentro".[9] Quantas vezes nos sentimos instigados a deter-nos na comodidade da margem! Mas o Senhor chama-nos a navegar pelo mar adentro e lançar as redes em águas mais profundas (Lc 5,4). Convida-nos a gastar a nossa vida ao seu serviço. Agarrados a Ele, temos a coragem de colocar todos os nossos carismas ao serviço dos outros. Oxalá pudéssemos sentir-nos impelidos pelo seu amor (2Cor 5,14) e dizer com São Paulo: "Ai de mim, se eu não anunciar o Evangelho!" (1Cor 9,16).

---

[9] PAULO VI. Exortação Apostólica *Evangelii Nuntiandi* (EN) (8 de dezembro de 1975), n. 80: *AAS* 68 (1976), 73. É interessante notar que, neste texto, o Beato Paulo VI liga intimamente a alegria à parrésia. Assim como lamenta "a falta de alegria e de esperança", assim também exalta a "suave e reconfortante alegria de evangelizar" que está unida a "um impulso interior que nada e ninguém pode extinguir", para que o mundo não receba o Evangelho "de evangelizadores tristes e descoroçoados". Durante o Ano Santo de 1975, o próprio Paulo VI dedicou à alegria a Exortação Apostólica *Gaudete in Domino* (9 de maio de 1975): *AAS* 67 (1975), 289-322.

131. Olhemos para Jesus! A sua entranhada compaixão não era algo que o ensimesmava, não era uma compaixão paralisadora, tímida ou envergonhada, como sucede muitas vezes conosco. Era exatamente o contrário: era uma compaixão que o impelia fortemente a sair de si mesmo a fim de anunciar, mandar em missão, enviar a curar e libertar. Reconheçamos a nossa fragilidade, mas deixemos que Jesus a tome nas suas mãos e nos lance para a missão. Somos frágeis, mas portadores de um tesouro que nos faz grandes e pode tornar melhores e mais felizes aqueles que o recebem. A ousadia e a coragem apostólica são constitutivas da missão.

132. A parrésia é selo do Espírito, testemunho da autenticidade do anúncio. É uma certeza feliz que nos leva a gloriar-nos do Evangelho que anunciamos, é confiança inquebrantável na fidelidade da testemunha fiel, que nos dá a certeza de que nada "será capaz de nos separar do amor de Deus" (Rm 8,39).

133. Precisamos do impulso do Espírito para não ser paralisados pelo medo e o calculismo, para não nos habituarmos a caminhar só dentro de confins seguros. Lembremo-nos disto: o que fica fechado acaba cheirando a mofo e criando um ambiente doentio. Quando os apóstolos sentiram a tentação de deixar-se paralisar pelos medos e perigos, juntaram-se a rezar pedindo parrésia: "Agora, Senhor, olha as ameaças que fazem, e concede que os teus servos anunciem corajosamente a tua palavra" (At 4,29). E a resposta foi esta: "quando terminaram a oração, tremeu o lugar onde estavam reunidos. Todos ficaram cheios do Espírito Santo e anunciavam corajosamente a Palavra de Deus" (At 4,31).

134. À semelhança do profeta Jonas, sempre permanece latente em nós a tentação de fugir para um lugar seguro, que pode ter muitos nomes: individualismo, espiritualismo, confinamento em mundos pequenos, dependência, instalação, repetição de esquemas preestabelecidos, dogmatismo, nostalgia, pessimismo, refúgio nas normas. Talvez nos sintamos relutantes em deixar um território que nos era conhecido e controlável. Todavia, as dificuldades podem ser como a tempestade, a baleia, o verme que fez secar o rícino de Jonas, ou o vento e o sol que lhe dardejaram a cabeça; e, tal como para ele, podem ter a função de nos fazer voltar para este Deus que é ternura e nos quer levar a uma itinerância constante e renovadora.

135. Deus é sempre novidade, que nos impele a partir sem cessar e a mover-nos para ir mais além do conhecido, rumo às periferias e aos confins. Leva-nos aonde se encontra a humanidade mais ferida e aonde os seres humanos, sob a aparência da superficialidade e do conformismo, continuam à procura de resposta para a questão do sentido da vida. Deus não tem medo! Não tem medo! Ultrapassa sempre os nossos esquemas e não lhe metem medo as periferias. Ele próprio se fez periferia (Fl 2,6-8; Jo 1,14). Por isso, se ousarmos ir às periferias, lá o encontraremos: Ele já estará lá. Jesus antecipa-se no coração daquele irmão, na sua carne ferida, na sua vida oprimida, na sua alma sombria. Ele já está lá.

136. É verdade que precisamos abrir a porta a Jesus Cristo, porque Ele bate e chama (Ap 3,20). Mas, pensando no ar irrespirável da nossa autorreferencialidade, pergunto-me se, às vezes, Jesus não estará já dentro de nós, batendo para que o deixemos sair. No Evangelho, vemos como Jesus "percorria cidades e povoados proclamando e anunciando a Boa-Nova do Reino de Deus" (Lc 8,1). Mesmo depois da ressurreição, quando os discípulos partiram para toda a parte, "o Senhor os ajudava" (Mc 16,20). Esta é a dinâmica que brota do verdadeiro encontro.

137. O hábito seduz-nos e diz-nos que não tem sentido procurar mudar as coisas, que nada podemos fazer perante tal situação, que sempre foi assim e todavia sobrevivemos. Pelo comodismo, já não enfrentamos o mal e permitimos que as coisas "continuem como estão" ou como alguns decidiram que estejam. Deixemos então que o Senhor venha despertar-nos, nos acordar da nossa sonolência, libertar-nos da inércia. Desafiemos o comodismo, abramos bem os olhos, os ouvidos e sobretudo o coração, para nos deixarmos mover pelo que acontece ao nosso redor e pelo clamor da Palavra viva e eficaz do Ressuscitado.

138. Move-nos o exemplo de tantos sacerdotes, religiosas, religiosos e leigos que se dedicam a anunciar e servir com grande fidelidade, muitas vezes arriscando a vida e, sem dúvida, à custa da sua comodidade. O seu testemunho lembra-nos de que a Igreja não precisa de muitos burocratas e funcionários, mas de missionários apaixonados, devorados pelo entusiasmo de comunicar a verdadeira vida. Os santos surpreendem, desinstalam, porque a sua vida nos chama a sair da mediocridade tranquila e anestesiadora.

139. Peçamos ao Senhor a graça de não hesitar quando o Espírito nos exige que demos um passo em frente; peçamos a coragem apostólica de comunicar o Evangelho aos outros e de renunciar a fazer da nossa vida um museu de recordações. Em qualquer situação, deixemos que o Espírito Santo nos faça contemplar a história na perspectiva de Jesus ressuscitado. Assim a Igreja, em vez de desanimar, poderá continuar em frente acolhendo as surpresas do Senhor.

Em comunidade

140. É muito difícil lutar contra a própria concupiscência e contra as ciladas e tentações do demônio e do mundo egoísta, se estivermos isolados. A sedução com que nos bombardeiam é tal que, se estivermos demasiado sozinhos, facilmente perdemos o sentido da realidade, a clareza interior, e sucumbimos.

141. A santificação é um caminho comunitário, que se deve fazer dois a dois. Reflexo disto temos em algumas comunidades santas. Em várias ocasiões, a Igreja canonizou comunidades inteiras, que viveram heroicamente o Evangelho ou ofereceram a Deus a vida de todos os seus membros. Pensemos, por exemplo, nos sete Santos Fundadores da Ordem dos Servos de Maria, nas sete Beatas religiosas do primeiro mosteiro da Visitação de Madri, em São Paulo Miki e companheiros mártires no Japão, em Santo André Taegon e companheiros mártires na Coreia, em São Roque González, Afonso Rodríguez e companheiros mártires na América do Sul. E recordemos também o testemunho recente dos Beatos monges trapistas de Tibhirine (Argélia), que se prepararam juntos para o martírio. De igual modo, há muitos casais santos, onde cada cônjuge foi um instrumento para a santificação do outro. Viver e trabalhar com outros é, sem dúvida, um caminho de crescimento espiritual. São João da Cruz dizia a um discípulo: estás a viver com outros "para que te trabalhem e exercitem na virtude".[10]

---

[10] *Cautelas*, 15: *Opere* (Roma, ⁴1979), 1072.

142. A comunidade é chamada a criar aquele "espaço teologal onde se pode experimentar a presença mística do Senhor ressuscitado".[11] Partilhar a Palavra e celebrar juntos a Eucaristia torna-nos mais irmãos e vai nos transformando pouco a pouco em comunidade santa e missionária. Isso dá origem também a autênticas experiências místicas vividas em comunidade, como no caso de São Bento e Santa Escolástica, ou daquele sublime encontro espiritual que viveram juntos Santo Agostinho e sua mãe Santa Mônica: "próximo já do dia em que ela ia sair desta vida – dia que vós conhecíeis e nós ignorávamos – sucedeu, segundo creio, por disposição dos vossos secretos desígnios, que nos encontrássemos sozinhos, ela e eu, apoiados a uma janela cuja vista dava para o jardim interior da casa onde morávamos (…). Os lábios do nosso coração abriam-se ansiosos para a corrente celeste da vossa fonte, a fonte da vida, que está em vós (...). Enquanto assim falávamos, anelantes pela sabedoria, atingimo-la momentaneamente num ímpeto completo do nosso coração (...) E se a vida eterna fosse semelhante a este vislumbre intuitivo?".[12]

143. Contudo, essas experiências não são o mais frequente, nem o mais importante. A vida comunitária, na família, na paróquia, na comunidade religiosa ou em

---

[11] VC, n. 42: *AAS* 88 (1996), 416.

[12] *Confissões*, IX, 10, 23-25: *PL* 32, 773-775.

qualquer outra, compõe-se de muitos pequenos detalhes diários. Assim acontecia na comunidade santa formada por Jesus, Maria e José, onde se refletiu de forma paradigmática a beleza da comunhão trinitária. E o mesmo sucedia na vida comunitária que Jesus transcorreu com os seus discípulos e o povo simples.

144. Lembremo-nos de como Jesus convidava os seus discípulos a prestarem atenção aos detalhes:

- o pequeno detalhe do vinho que estava acabando em uma festa;

- o pequeno detalhe de uma ovelha que faltava;

- o pequeno detalhe da viúva que ofereceu as duas moedinhas que tinha;

- o pequeno detalhe de ter azeite de reserva para as lâmpadas, caso o noivo se demore;

- o pequeno detalhe de pedir aos discípulos que vissem quantos pães tinham;

- o pequeno detalhe de ter a fogueira acesa e um peixe na grelha enquanto esperava os discípulos ao amanhecer.

145. A comunidade, que guarda os pequenos detalhes do amor[13] e na qual os membros cuidam uns

---

[13] Lembro de modo especial as três palavras-chave "com licença, obrigado, desculpa", porque "as palavras adequadas, ditas no momento certo, protegem e alimentam o amor dia após dia" (AL, n. 133).

dos outros e formam um espaço aberto e evangelizador, é lugar da presença do Ressuscitado que a vai santificando segundo o projeto do Pai. Sucede às vezes, no meio destes pequenos detalhes, que o Senhor, por um dom do seu amor, nos presenteie com consoladoras experiências de Deus: "uma noite de inverno, cumpria, como de costume, o pequeno ofício. (...) De repente, ouvi ao longe o som harmonioso de um instrumento musical. Então imaginei um salão bem iluminado, todo resplandecente de dourados, de jovens elegantemente vestidas, dirigindo-se mutuamente cumprimentos e cortesias mundanas. A seguir o meu olhar pousou na pobre doente que amparava; em vez de uma melodia, ouvia, de vez em quando, os seus gemidos queixosos (...). Não consigo exprimir o que se passou na minha alma; o que sei é que o Senhor a iluminou com os reflexos da verdade, que ultrapassavam de tal maneira o brilho tenebroso das festas da terra, que não podia acreditar na minha felicidade".[14]

146. Contra a tendência para o individualismo consumista que acaba por nos isolar na busca do bem-estar à margem dos outros, o nosso caminho de santificação não pode deixar de nos identificar com aquele desejo de Jesus: "que todos sejam um só, como tu, Pai, estás em mim, e eu em ti" (Jo 17,21).

---

[14] SANTA TERESA DE LISIEUX. *Manuscrito C*, 29v-30r: *Opere Complete* (Roma, 1997), 269.

Em oração constante

147. Por fim, mesmo que pareça óbvio, lembremos que a santidade é feita de abertura habitual à transcendência, que se expressa na oração e na adoração. O santo é uma pessoa com espírito orante, que tem necessidade de comunicar-se com Deus. É alguém que não suporta asfixiar-se na imanência fechada deste mundo e, no meio dos seus esforços e serviços, suspira por Deus, sai de si erguendo louvores e alarga os seus confins na contemplação do Senhor. Não acredito na santidade sem oração, embora não se trate necessariamente de longos períodos ou de sentimentos intensos.

148. São João da Cruz recomendava que se procurasse "andar sempre na presença de Deus, seja ela real, imaginada ou unitiva, conforme o permitam as obras que estamos realizando".[15] No fundo, é o desejo de Deus, que não pode deixar de se manifestar de alguma maneira no meio da nossa vida diária: "procura que a tua oração seja contínua e, no meio dos exercícios corporais, não a deixes. Quando comes, bebes, conversas com outros, ou em qualquer outra coisa que faças, sempre deseja a Deus e prende a Ele o teu coração".[16]

---

[15] *Graus de perfeição*, 2: *Opere* (Roma, [4]1979), 1079.

[16] Ibidem, *Conselhos para alcançar a perfeição*, 9: *Opere* (Roma, [4]1979), 1078.

149. Contudo, para que isto se torne possível, são necessários também alguns tempos dedicados só a Deus, na solidão com Ele. Para Santa Teresa de Ávila, a oração é "uma relação íntima de amizade, permanecendo muitas vezes a sós com quem sabemos que nos ama".[17] Gostaria de insistir no fato de que isto não é dito apenas para poucos privilegiados, mas para todos, porque "todos precisamos deste silêncio repleto de presença adoradora".[18] A oração confiante é uma resposta do coração que se abre a Deus face a face, onde são silenciados todos os rumores para escutar a voz suave do Senhor que ressoa no silêncio.

150. Neste silêncio, é possível discernir, à luz do Espírito, os caminhos de santidade que o Senhor nos propõe. Caso contrário, todas as nossas decisões não passarão de "decorações", que, em vez de exaltar o Evangelho na nossa vida, acabarão por o recobrir e sufocar. Para todo o discípulo, é indispensável estar com o Mestre, escutá-lo, aprender dele, aprender sempre. Se não escutarmos, todas as nossas palavras serão apenas rumores que não servem para nada.

151. Recordemos que "é a contemplação da face de Jesus morto e ressuscitado que recompõe a nossa humanidade, incluindo a que está fragmentada pelas

---

[17] *Livro da Vida*, 8, 5: *Opere* (Roma, 1981), 95.

[18] SÃO JOÃO PAULO II. Carta Apostólica *Orientale Lumen* (OL) (2 de maio de 1995), 16: *AAS* 87 (1995), 762.

canseiras da vida ou marcada pelo pecado. Não devemos domesticar o poder da face de Cristo".[19] Sendo assim, atrevo-me a perguntar-te: Tens momentos em que te colocas na sua presença em silêncio, permaneces com Ele sem pressa, e te deixas olhar por Ele? Deixas que o seu fogo inflame o teu coração? Se não permites que Jesus alimente nele o calor do amor e da ternura, não terás fogo e, assim, como poderás inflamar o coração dos outros com o teu testemunho e as tuas palavras? E se ainda não consegues, diante do rosto de Cristo, deixar-te curar e transformar, então penetra nas entranhas do Senhor, entra nas suas chagas, porque é nelas que tem a sua sede a misericórdia divina.[20]

152. Peço, porém, que não se entenda o silêncio orante como uma evasão que nega o mundo que nos rodeia. O "peregrino russo", que caminhava em contínua oração, conta que esta oração não o separava da realidade externa: "quando me encontrava com as pessoas, parecia-me que eram todas tão amáveis como se fossem da minha própria família. (...) E a felicidade não só iluminava o interior da minha alma, mas o próprio mundo exterior aparecia-me sob um aspecto maravilhoso".[21]

---

[19] FRANCISCO. *Discurso no V Congresso Nacional da Igreja Italiana* (Florença, 10 de novembro de 2015): *AAS* 107 (2015), 1284.

[20] SÃO BERNARDO. *Sermão sobre o Cântico dos Cânticos,* 61, 3-5: *PL* 183, 1071-1073.

[21] *Relatos de um Peregrino Russo* (Milão, ³1979), 41; 129.

153. Nem a própria história desaparece. A oração, precisamente porque se alimenta do dom de Deus que se derrama na nossa vida, deveria ser sempre rica de memória. A memória das obras de Deus está na base da experiência da aliança entre Deus e o seu povo. Se Deus quis entrar na história, a oração é tecida de recordações: não só da recordação da Palavra revelada, mas também da vida própria, da vida dos outros, do que o Senhor fez na sua Igreja. É a memória agradecida de que fala o próprio Santo Inácio de Loyola, na sua "Contemplação para alcançar o amor",[22] quando nos pede para trazer à memória todos os benefícios que recebemos do Senhor. Contempla a tua história quando rezas e, nela, encontrarás tanta misericórdia. Ao mesmo tempo, isso alimentará a tua consciência com a certeza de que o Senhor te conserva na sua memória e nunca te esquece. Consequentemente tem sentido pedir-lhe que ilumine até mesmo os pequenos detalhes da tua existência, que não lhe passam despercebidos.

154. A súplica é expressão do coração que confia em Deus, pois sabe que sozinho não consegue. Na vida do povo fiel de Deus, encontramos muitas súplicas cheias de ternura crente e de profunda confiança. Não desvalorizemos a oração de petição, que tantas vezes nos tranquiliza o coração e ajuda a continuar a lutar com esperança.

---

[22] *Exercícios Espirituais*, 230-237.

A súplica de intercessão tem um valor particular, porque é um ato de confiança em Deus e, ao mesmo tempo, uma expressão de amor ao próximo. Alguns, por preconceitos espiritualistas, pensam que a oração deveria ser uma pura contemplação de Deus, sem distrações, como se os nomes e os rostos dos irmãos fossem um distúrbio a evitar. Ao contrário, a verdade é que a oração será mais agradável a Deus e mais santificadora, se nela procurarmos, através da intercessão, viver o duplo mandamento que Jesus nos deixou. A intercessão expressa o compromisso fraterno com os outros, quando somos capazes de incorporar nela a vida deles, as suas angústias mais inquietantes e os seus melhores sonhos. A quem se entrega generosamente à intercessão, podem-se aplicar estas palavras bíblicas: "Este é o amigo de seus irmãos, aquele que muito ora pelo povo" (2Mc 15,14).

155. Se verdadeiramente reconhecemos que Deus existe, não podemos deixar de o adorar, por vezes em um silêncio cheio de enlevo, ou de lhe cantar em festivo louvor. Assim expressamos o que vivia o Beato Carlos Foucauld, quando disse: "Logo que acreditei que Deus existia, compreendi que só podia viver para Ele".[23] Na própria vida do povo peregrino, há muitos gestos simples de pura adoração, como, por exemplo, quando "o olhar do peregrino pousa sobre uma imagem que simboliza

---

[23] *Carta a Henry de Castries* (14 de agosto de 1901).

a ternura e a proximidade de Deus. O amor detém-se, contempla o mistério, desfruta dele em silêncio".[24]

156. A leitura orante da Palavra de Deus, mais doce do que o mel (Sl 119[118],103) e "espada de dois gumes" (Hb 4,12), consente de nos determos a escutar o Mestre fazendo da sua palavra farol para os nossos passos, luz para o nosso caminho (Sl 119[118],105). Como justamente nos lembraram os Bispos da Índia, "a devoção à Palavra de Deus não é apenas uma dentre muitas devoções, uma coisa bela mas facultativa. Pertence ao coração e à própria identidade da vida cristã. A Palavra tem em si mesma a força para transformar a vida".[25]

157. O encontro com Jesus nas Escrituras conduz-nos à Eucaristia, onde essa mesma Palavra atinge a sua máxima eficácia, porque é presença real daquele que é a Palavra viva. Lá o único absoluto recebe a maior adoração que se lhe possa tributar neste mundo, porque é o próprio Cristo que se oferece. E, quando o recebemos na Comunhão, renovamos a nossa aliança com Ele e consentimos-lhe que realize cada vez mais a sua obra transformadora.

---

[24] CELAM. Documento Conclusivo da V Conferência Geral do Episcopado Latino-Americano e do Caribe, *Documento de Aparecida* (DAp) (29 de junho de 2007), n. 259. Brasília: Edições CNBB; São Paulo: Paulus/Paulinas, 2008.

[25] CONFERÊNCIA DOS BISPOS CATÓLICOS DA ÍNDIA. *Declaração final da XXI Assembleia plenária* (18 de fevereiro de 2009), 3.2.

Capítulo V

LUTA, VIGILÂNCIA E DISCERNIMENTO

158. A vida cristã é uma luta permanente. Requer-se força e coragem para resistir às tentações do demônio e anunciar o Evangelho. Esta luta é magnífica, porque nos permite cantar vitória todas as vezes que o Senhor triunfa na nossa vida.

A luta e a vigilância

159. Não se trata apenas de uma luta contra o mundo e a mentalidade mundana, que nos engana, atordoa e torna medíocres sem empenho e sem alegria. Nem se reduz a uma luta contra a própria fragilidade e as próprias inclinações (cada um tem a sua: para a preguiça, a luxúria, a inveja, os ciúmes etc.). Mas é também uma luta constante contra o demônio, que é o príncipe do mal. O próprio Jesus celebra as nossas vitórias. Alegrava-se quando os seus discípulos conseguiam fazer avançar o anúncio do Evangelho, superando a oposição do Maligno, e exultava: "Eu vi Satanás cair do céu, como um relâmpago" (Lc 10,18).

Algo mais do que um mito

160. Não admitiremos a existência do demônio, se nos obstinarmos a olhar a vida apenas com critérios empíricos e sem uma perspectiva sobrenatural. A convicção de que este poder maligno está no meio de nós é precisamente aquilo que nos permite compreender por que, às vezes, o mal tem uma força destruidora tão grande. É verdade que os autores bíblicos tinham uma bagagem conceitual limitada para expressar algumas realidades e que, nos tempos de Jesus, podia-se confundir, por exemplo, uma epilepsia com a possessão do demônio. Mas isto não deve levar-nos a simplificar demasiado a realidade afirmando que todos os casos narrados nos Evangelhos eram doenças psíquicas e que, em última análise, o demônio não existe ou não intervém. A sua presença consta nas primeiras páginas da Sagrada Escritura, que termina com a vitória de Deus sobre o demônio.[1] De fato, quando Jesus nos deixou a oração do Pai-Nosso, quis que a concluíssemos pedindo ao Pai que nos livrasse do Maligno. A expressão usada não se refere ao mal em abstrato; a sua tradução mais precisa é "o Maligno". Indica um ser pessoal que nos atormenta. Jesus ensinou-nos a pedir cada dia esta libertação para que o seu poder não nos domine.

---

[1] FRANCISCO. *Homilia da Missa na Casa de Santa Marta* (11 de outubro de 2013): *L'Osservatore Romano* (ed. portuguesa de 13/10/2013), 13.

161. Então, não pensemos que seja um mito, uma representação, um símbolo, uma figura ou uma ideia.[2] Este engano leva-nos a diminuir a vigilância, a descuidar--nos e a ficar mais expostos. O demônio não precisa de nos possuir. Envenena-nos com o ódio, a tristeza, a inveja, os vícios. E assim, enquanto abrandamos a vigilância, ele aproveita para destruir a nossa vida, as nossas famílias e as nossas comunidades, porque, "anda em derredor como um leão que ruge, procurando a quem devorar" (1Pd 5,8).

Despertos e confiantes

162. A Palavra de Deus convida-nos, explicitamente, a resistir "às ciladas do diabo" (Ef 6,11) e a "apagar todas as flechas incendiadas do Maligno" (Ef 6,16). Não se trata de palavras poéticas, porque o nosso caminho para a santidade é também uma luta constante. Quem não quiser reconhecê-lo, ver-se-á exposto ao fracasso ou à mediocridade. Para a luta, temos as armas poderosas que o Senhor nos dá: a fé que se expressa na oração, a meditação da Palavra de

---

[2] "Uma das maiores necessidades é a defesa daquele mal, a que chamamos demônio. (...) O mal já não é apenas uma deficiência, mas uma eficiência, um ser vivo, espiritual, pervertido e perverso. Trata-se de uma realidade terrível, misteriosa e medonha. Sai do âmbito dos ensinamentos bíblicos e eclesiásticos quem se recusa a reconhecer a existência desta realidade; ou melhor, quem faz dela um princípio em si mesmo, como se não tivesse – como todas as criaturas – origem em Deus, ou a explica como uma pseudorrealidade, como uma personificação conceitual e fantástica das causas desconhecidas das nossas desgraças" (Beato Paulo VI, *Catequese*, Audiência Geral de 15 de novembro de 1972: *Insegnamenti* X, 1972, 1168-1170).

Deus, a celebração da Missa, a adoração eucarística, a Reconciliação sacramental, as obras de caridade, a vida comunitária, o compromisso missionário. Se nos descuidarmos, facilmente nos seduzirão as falsas promessas do mal. Ora, como dizia o Santo Cura Brochero, "que importa que Lúcifer prometa libertar-vos e até vos atire para o meio de todos os seus bens, se são bens enganadores, se são bens envenenados?".[3]

163. Neste caminho, o progresso no bem, o amadurecimento espiritual e o crescimento do amor são o melhor contrapeso ao mal. Ninguém resiste, se escolhe arrastar-se em ponto morto, se se contenta com pouco, se deixa de sonhar com a oferta de maior dedicação ao Senhor; e, menos ainda, se cai em um sentido de derrota, porque "quem começa sem confiança, perdeu de antemão metade da batalha e enterra os seus talentos. (...) O triunfo cristão é sempre uma cruz, mas cruz que é, simultaneamente, estandarte de vitória, que se empunha com ternura batalhadora contra as investidas do mal".[4]

A corrupção espiritual

164. O caminho da santidade é uma fonte de paz e alegria que o Espírito nos dá, mas, ao mesmo tempo,

---

[3] SÃO JOSÉ GABRIEL DO ROSÁRIO BROCHERO. *Sermão das Bandeiras*: Conferência Episcopal Argentina, *El Cura Brochero. Cartas y sermones* (Buenos Aires, 1999), 71.

[4] EG, n. 85.

exige que estejamos com "as lâmpadas acesas" (Lc 12,35) e permaneçamos vigilantes: "afastai-vos de toda espécie de mal" (1Ts 5,22); "vigiai" (Mt 24,42; cf. Mc 13,35); não adormeçamos (1Ts 5,6). Pois, quem não se dá conta de cometer faltas graves contra a Lei de Deus, pode deixar-se cair em uma espécie de entorpecimento ou sonolência. Como não encontra nada de grave a censurar-se, não adverte aquela tibieza que pouco a pouco se vai apoderando da sua vida espiritual e acaba por ficar corroído e corrompido.

165. A corrupção espiritual é pior que a queda de um pecador, porque se trata de uma cegueira cômoda e autossuficiente, em que tudo acaba por parecer lícito: o engano, a calúnia, o egoísmo e muitas formas sutis de autorreferencialidade, já que "também Satanás se disfarça em anjo de luz" (2Cor 11,14). Assim acabou os seus dias Salomão, enquanto o grande pecador Davi soube superar a sua miséria. Em um trecho evangélico, Jesus alerta-nos contra esta tentação insidiosa que nos faz escorregar até à corrupção: fala de uma pessoa libertada do demônio a qual, pensando que a sua vida já estivesse limpa, acabaria possuída por outros sete espíritos malignos (Lc 11,24-26). E outro texto bíblico usa esta imagem impressionante: "O cão volta para seu vômito" (2Pd 2,22; cf. Pr 26,11).

O discernimento

166. Como é possível saber se algo vem do Espírito Santo ou se deriva do espírito do mundo e do espírito maligno? A única forma é o discernimento. Este não requer apenas uma boa capacidade de raciocinar o sentido comum, é também um dom que é preciso pedir. Se o pedirmos com confiança ao Espírito Santo e, ao mesmo tempo, nos esforçarmos por cultivá-lo com a oração, a reflexão, a leitura e o bom conselho, poderemos certamente crescer nesta capacidade espiritual.

Uma necessidade imperiosa

167. Hoje em dia, tornou-se particularmente necessária a capacidade de discernimento, porque a vida atual oferece enormes possibilidades de ação e distração, sendo-nos apresentadas pelo mundo como se fossem todas válidas e boas. Todos, mas especialmente os jovens, estão sujeitos a um *zapping* constante. É possível navegar simultaneamente em dois ou três visores e interagir ao mesmo tempo em diferentes cenários virtuais. Sem a sapiência do discernimento, podemos facilmente nos transformar em marionetes à mercê das tendências da ocasião.

168. Isto se revela particularmente importante, quando aparece uma novidade na própria vida, sendo necessário então discernir se é o vinho novo que vem de Deus ou uma novidade enganadora do espírito do mundo ou do espírito maligno. Em outras ocasiões, sucede o contrário, porque as forças do mal induzem-nos a não mudar, a deixar as coisas como estão, a optar pelo imobilismo e a rigidez e, assim, impedimos que atue o sopro do Espírito Santo. Somos livres, com a liberdade de Jesus, mas Ele chama-nos a examinar o que há dentro de nós – desejos, angústias, temores, expectativas – e o que acontece fora de nós – os "sinais dos tempos" –, para reconhecer os caminhos da liberdade plena: "examinai tudo e guardai o que for bom" (1Ts 5,21).

Sempre à luz do Senhor

169. O discernimento não é necessário apenas em momentos extraordinários, quando temos de resolver problemas graves ou quando se deve tomar uma decisão crucial; mas é um instrumento de luta, para seguir melhor o Senhor. É sempre útil, para sermos capazes de reconhecer os tempos de Deus e a sua graça, para não desperdiçarmos as inspirações do Senhor, para não ignorarmos o seu convite a crescer. Frequentemente isto se decide nas coisas pequenas, no que parece irrelevante, porque a magnanimidade mostra-se nas coisas simples e diárias.[5] Trata-se de não colocar limites rumo

---

[5] No túmulo de Santo Inácio de Loyola, lê-se este sábio epitáfio: "*Non coerceri a maximo, contineri tamen a minimo divinum est* – é divino não se assustar com as coisas maiores e, simultaneamente, cuidar das menores".

ao máximo, ao melhor e ao mais belo, mas ao mesmo tempo concentrar-se no pequeno, nos compromissos de hoje. Por isso, peço a todos os cristãos que não deixem de fazer cada dia, em diálogo com o Senhor que nos ama, um sincero exame de consciência. Ao mesmo tempo, o discernimento leva-nos a reconhecer os meios concretos que o Senhor predispõe, no seu misterioso plano de amor, para não ficarmos apenas pelas boas intenções.

Um dom sobrenatural

170. É verdade que o discernimento espiritual não exclui as contribuições de sabedorias humanas, existenciais, psicológicas, sociológicas ou morais; mas transcende-as. Não bastam sequer as normas sábias da Igreja. Lembremo-nos sempre de que o discernimento é uma graça. Embora inclua a razão e a prudência, supera-as, porque trata-se de entrever o mistério daquele projeto, único e irrepetível, que Deus tem para cada um e que se realiza no meio dos mais variados contextos e limites. Não está em jogo apenas um bem-estar temporal, nem a satisfação de realizar algo de útil, nem mesmo o desejo de ter a consciência tranquila. Está em jogo o sentido da minha vida diante do Pai que me conhece e ama, aquele sentido verdadeiro para o qual posso orientar a minha existência e que ninguém conhece melhor do que Ele. Em suma, o discernimento leva à própria fonte da vida que não morre, isto é, conhecer o

Pai, o único Deus verdadeiro, e a quem Ele enviou, Jesus Cristo (Jo 17,3). Não requer capacidades especiais nem está reservado aos mais inteligentes e instruídos; o Pai compraz-se em manifestar-se aos humildes (Mt 11,25).

171. Embora o Senhor nos fale de muitos e variados modos durante o nosso trabalho, através dos outros e a todo o momento, não é possível prescindir do silêncio da oração prolongada para perceber melhor aquela linguagem, para interpretar o significado real das inspirações que julgamos ter recebido, para acalmar ansiedades e recompor o conjunto da própria vida à luz de Deus. Assim, podemos permitir o nascimento daquela nova síntese que brota da vida iluminada pelo Espírito.

Fala, Senhor!

172. Pode acontecer, porém, que na própria oração evitemos de nos deixar confrontar com a liberdade do Espírito, que age como quer. Não nos esqueçamos de que o discernimento orante exige partir da predisposição para escutar: o Senhor, os outros, a própria realidade que não cessa de nos interpelar de novas maneiras. Somente quem está disposto a escutar é que tem a liberdade de renunciar ao seu ponto de vista parcial e insuficiente, aos seus hábitos, aos seus esquemas. Desta forma, está realmente disponível para acolher um chamado que quebra as suas seguranças, mas leva-o a uma vida melhor, porque não é suficiente que tudo corra bem, que tudo esteja tranquilo. Pode acontecer que Deus nos esteja a oferecer algo mais e, na nossa cômoda distração, não o reconheçamos.

173. Tal atitude de escuta implica, naturalmente, obediência ao Evangelho como último critério, mas também ao Magistério que o guarda, procurando encontrar no tesouro da Igreja aquilo que pode ser mais fecundo para "o hoje" da salvação. Não se trata de aplicar receitas ou repetir o passado, uma vez que as mesmas soluções não são válidas em todas as circunstâncias e o que foi útil em um contexto pode não o ser em outro. O discernimento dos espíritos liberta-nos da rigidez, que não tem lugar no "hoje" perene do Ressuscitado. Somente o Espírito sabe penetrar nas dobras mais recônditas da realidade e ter em conta todas as suas nuances, para que a novidade do Evangelho surja com outra luz.

A lógica do dom e da cruz

174. Condição essencial para avançar no discernimento é educar-se para a paciência de Deus e os seus tempos, que nunca são os nossos. Ele não faz descer fogo do céu sobre os incrédulos (Lc 9,54), nem permite aos zelosos arrancar o joio que cresce juntamente com o trigo (Mt 13,29). Além disso requer-se generosidade, porque "há mais felicidade em dar do que em receber" (At 20,35). Não se faz discernimento para descobrir que melhor proveito podemos tirar desta vida, mas para reconhecer como podemos cumprir melhor a missão que nos foi confiada no Batismo, e isto implica estar disposto a fazer renúncias, até dar tudo. Com efeito, a felicidade é paradoxal, proporcionando-nos as melhores experiências quando aceitamos aquela lógica misteriosa que não é deste mundo, mas "é a nossa lógica", como dizia São Boaventura,[6] referindo-se à cruz. Quando uma pessoa assume esta dinâmica, não deixa anestesiar a sua consciência e abre-se generosamente ao discernimento.

175. Quando perscrutamos na presença de Deus os caminhos da vida, não há espaços que fiquem excluídos. Em todos os aspectos da existência, podemos continuar a crescer e dar algo mais a Deus, mesmo naqueles em que experimentamos as dificuldades mais fortes. Mas é necessário pedir ao Espírito Santo que nos liberte e expulse aquele medo que nos leva a negar-lhe a entrada em alguns aspectos da nossa vida. Aquele que pede tudo, também dá tudo, e não quer entrar em nós para mutilar ou enfraquecer, mas para levar à perfeição. Isto nos mostra que o discernimento não é uma autoanálise presuntuosa, uma introspeção egoísta, mas uma verdadeira saída de nós mesmos para o mistério de Deus, que nos ajuda a viver a missão para a qual nos chamou a bem dos irmãos.

---

[6] *Collationes in Hexaemeron*, 1, 30.

***

176. Desejo coroar estas reflexões com a figura de Maria, porque Ela viveu como ninguém as bem-aventuranças de Jesus. É aquela que estremecia de júbilo na presença de Deus, aquela que conservava tudo no seu coração e se deixou atravessar pela espada. É a mais abençoada dos santos entre os santos, aquela que nos mostra o caminho da santidade e nos acompanha. E, quando caímos, não aceita deixar-nos por terra e, às vezes, leva-nos nos seus braços sem nos julgar. Conversar com Ela consola-nos, liberta-nos, santifica-nos. A Mãe não necessita de muitas palavras, não precisa que nos esforcemos demasiado para lhe explicar o que se passa conosco. É suficiente sussurrar uma vez e outra: "Ave, Maria...".

177. Espero que estas páginas sejam úteis para que toda a Igreja se dedique a promover o desejo da santidade. Peçamos ao Espírito Santo que infunda em nós um desejo intenso de ser santos para a maior glória de Deus; e animemo-nos uns aos outros neste propósito. Assim, compartilharemos uma felicidade que o mundo não poderá tirar-nos.

Dado em Roma, junto de São Pedro, no dia 19 de março – Solenidade de São José – do ano 2018, sexto do meu pontificado.

SUMÁRIO

Lista de siglas 5

Capítulo I. O chamado à santidade 9

Os santos que nos encorajam e acompanham 9

Os santos ao pé da porta 10

O Senhor chama 13

A ti também 15

A tua missão em Cristo 19

A atividade que santifica 22

Mais vivos, mais humanos 25

Capítulo II. Dois inimigos sutis da santidade 27

O gnosticismo atual 28

O pelagianismo atual 34

Capítulo III. À luz do Mestre 45

Contracorrente 46

A grande regra de comportamento 60

Capítulo IV. Algumas caraterísticas da santidade
no mundo atual 71

Perseverança, paciência e mansidão 72

Alegria e sentido de humor 77

Ousadia e ardor 81

Em comunidade 86

Em oração constante 91

Capítulo V. Luta, vigilância e discernimento 97

A luta e a vigilância 97

O discernimento 102

Rua Dona Inácia Uchoa, 62
04110-020 – São Paulo – SP (Brasil)
Tel.: (11) 2125-3500
http://www.paulinas.com.br – editora@paulinas.com.br
Telemarketing e SAC: 0800-7010081